HEERE & WAFFEN

DIE LANGEN KERLS

Die Grenadiere der Preußischen Riesengarde 1675/1713 - 1806

INHALT

Autor,
Layout & Grafiken:
Rolf Fuhrmann

Lektorat:
Stefan Müller, Bernd Retzlaff

Herausgeber:
Zeughaus Verlag
bei Berliner Zinnfiguren
Hans-Günther Scholtz
Knesebeckstr. 88, 10623 Berlin

Telefon: 030/315 700 0
Fax: 030/315 700 77
Email: info@zinnfigur.com
Internet: www.zinnfigur.com

Printed in Germany by Druckhaus Humburg GmbH & Co.KG

Bibliografische Informationen der Deutschen Bibliothek
Die Deutsche Bibliothek verzeichnet diese Publikation in der Deutschen Nationalbibliografie; detaillierte bibliografische Daten sind im Internet über
http://dnb.ddb.de abrufbar.

ISBN: 978-3-93844-29-1

DIE RIESENGARDE

James Kirkland, angeworben 1734, ca. 2,17 m, der längste unter den Langen Kerls. Ausgaben des Königs für die Anwerbung: 7 161 Reichstaler. Jonas Henrikson, ca. 2,12 m, angeworben 1720, Ausgaben des Königs für die Anwerbung: 4 000 Reichstaler. Jakob von Horn, ca. 2,04 m - angeworben 1732, Ausgaben des Königs für die Anwerbung: 3 754 Reichstaler. Der monatliche Sold für einen Infanteristen der Garde betrug drei bis vier Taler. Ein Paar Schnallenschuhe kosteten ebenso wie ein Hut etwa einen Taler, das Gewehr der Infanterie um sechs Taler.

Die Sammelleidenschaft für hochgewachsene Männer - "Lange Kerls" im volkstümlichen Sprachgebrauch der Zeit - die allgemein als kostspielige Marotte des Soldatenkönigs aufgefasst wurde und wird, hatte indes einen ganz offensichtlichen militärtaktischen Hintergrund: Mit den glattläufigen Vorderladermusketen jener Zeit glaubte man eine große Schußweite nur erzielen zu können, wenn der Lauf möglichst lang war. Die mögliche Länge des Gewehrs war indes durch die Körpergröße des Soldaten vorgegeben, der damit hantierte. Eine größere Schußweite setzte somit einen längeren Gewehrlauf und einen größeren Mann voraus. Wenn eine Truppe aus hochgewachsenen Soldaten entsprechend gut gedrillt war, würden diese also innerhalb eines bestimmten Zeitraums häufiger und auf weitere Distanz zu feuern vermögen als eine gegnerische Truppe mit normalgewachsenen Soldaten und durchschnittlich langen Gewehren. So sollte ein schlachtenentscheidender Vorteil entstehen.

Ausgehend vom erfolgreichen Paradebeispiel seiner Langen Kerls, veranlasste Friedrich Wilhelm I., daß auch bei der gesamten Infanterie als Grenadiere und Musketiere möglichst große Leute eingestellt wurden - die kleineren kamen zu den Füsilieren und die ganz kleinen zu den Wagenknechten. Von diesen Anstrengungen des Vaters - der während der 27 Jahre seiner Regentschaft zwar die Armee von 49 000 auf ca. 80 000 Mann vergrößert, jedoch nur einmal einen kurzen Feldzug während des Nordischen Krieges geführt hatte - profitierte schon gleich nach seinem Regierungsantritt der Sohn Friedrich der Große.

Aus einer während des Schießens vorgehenden zunächst viergliedrigen, später dreigliedrigen Linie heraus vermochten die preußischen Regimenter im Gefecht ein unaufhörliches präzise ablaufendes rollendes Feuer abzugeben, das allen europäischen Armeen überlegen war! Bei entsprechendem Drill war ein Soldat der anderen europäischer Armeen in der Lage, zweimal pro Minute aus einem gut 1,40m langen Gewehr auf eine Distanz von 150 m einen wirksamen Schuß abzugeben - ein preußischer Infanterist mit einem gut 150 cm langen Gewehr dagegen feuerte in der gleichen Zeit gefechtsmäßig drei Schuß auf eine wirksame Entfernung von 200 m.

Maschinenmäßiger Drill, verbunden mit dem möglichst schnellen Gebrauch der Muskete und einer optimalen Entfaltung der Feuerkraft in der taktischen Aufstellung: Mit seiner Riesengarde entwickelte der Soldatenkönig die Exerzierreglements 1714, 1718 und 1726 für die gesamte preußische Infanterie, bevor sie jeweils allgemeingültig wurden. Die Langen Kerls waren repräsentative Garde und vorbildliche Schulungstruppe zugleich, die der König als ihr Regimentschef persönlich täglich exerzierte. Sie stellte Unteroffiziere, Musiker, Regimentstambours und Offiziere für zahlreiche andere Infanterie-Regimenter. Ausgezeichnete Offiziere sowie Generäle Friedrichs II. gingen aus dieser bemerkenswerten Einheit hervor, die neben einigen Schwarzafrikanern ein buntes Gemisch von Männern aus ganz Europa darstellte.

Grenadiere und Garden aus besonders hochgewachsenen Leuten gab es zu Beginn des 18. Jahrhunderts jedoch auch in anderen Ländern und Fürstentümern Deutschlands und Europas. Keine dieser Truppen aber vermochte offensichtlich in einer solchen Weise zu faszinieren und zu beeindrucken, wie es die Langen Kerls schon seit Beginn ihres Bestehens taten. Das "Große Grenadierregiment" (auch "die Potsdamer") stellten bei ihren Paraden ein beeindruckendes Schauspiel dar, das sich "so leicht nie oder nirgend wieder finden möchte".

Waren die Grenadiere der preußischen Infanterie die Elite der Fußtruppe, so waren die Langen Kerls als Riesengrenadiere mit ihrem Motto SEMPER TALIS ("immer gleich") zweifellos die Elite dieser Elite. Die Geschichte dieser außergewöhnlichen Truppe beginnt 1710 mit der Errichtung der Roten Leibgrenadiere durch den Kronprinzen Friedrich Wilhelm. Mit dessen Thronbesteigung 1713 wird das Bataillon zur königlichen Garde erhoben. Aufgrund der Zusammenlegung mit dem Königsregiment (Regiment zu Fuß Nr. 6) 1717 läßt sich die Tradition der Langen Kerls seitdem auf dessen Errichtungsjahr 1675 zurückdatieren. Sie endet im Oktober 1806 nach der vernichtenden Niederlage der preußischen Armee bei Auerstedt.

Eine umfangreiche Darstellung über das Regimentsleben der Langen Kerls findet sich in *Legendäre lange Kerls, Quellen zur Regimentskultur der Königsgrenadiere Friedrich Wilhelms I. 1713-1740* von Jürgen Kloosterhuis. Kabinettsakten, königliche Anweisungen, Kirchenbucheinträge, Rangierrollen, Briefwechsel und eine Übersicht über die Bildquellen aus der Zeit des Soldatenkönigs lassen einen lebendigen Eindruck aus der Anfangszeit dieser Truppe entstehen.

GRENADIERE

"Die Grenadiers...müssen lauter Kerls seyn, welche gut marchiren können, nicht über 35 Jahr alt sind, woll aussehen, nemlich nicht kurze Nasen, magere oder schmale Gesichter haben. Die Grenadiers, so Bärte haben können, sollen die Bärte stehen lassen, und sollen auf Polnische Maniere getragen werden". Reglement von 1726[17], IV. Artic.

Grenadiere gab es bereits in der kurfürstlich-brandenburgischen Armee des 17. Jahrhunderts. Es waren im Werfen von etwa 3 Pfund schweren, apfelgroßen und pulvergefüllten Hohlkugeln aus Gußeisen, Glas, Ton oder Blei ausgebildete Leute, die besonders groß, kräftig und mutig sein mußten. Im Feld war ihr Platz mit Wurfgranate und brennender Lunte in den Händen häufig vor der Front der Truppe. Da der Musketierhut beim Werfen der Granaten und dem dabei notwendigen Umhängen des Gewehrs hinderlich war, trugen die Grenadiere stattdessen ihre herabhängenden Lagermützen, aus denen sich dann die charakteristische hohe Grenadiermütze entwickelte.

Zunächst gab es in jeder Musketierkompanie einige Grenadiere, später wurde in jedem Regiment eine eigene Grenadierkompanie aufgestellt. Anfang des 18. Jahrhunderts verschwanden die Handgranaten aus dem Bewaffnungsfundus der Fußtruppen, der Grenadier als gefechtserprobter Elitesoldat behielt jedoch seinen vor den anderen Infanteristen ausgezeichneten Status. Seit 1715 wurden die Grenadiere im Feldeinsatz aus dem Regimentsverband genommen und zu eigenständigen Grenadierbataillonen kombiniert.

Während sich ein Regiment der Feld-Infanterie für gewöhnlich vorwiegend aus einem Gros an Musketieren zusammensetzte, und die Elite eben die Grenadiere waren, lag die Sache bei den Langen Kerls etwas anders. Hier wurden sowohl im Roten Leibbataillon als auch im Königsregiment und im späteren Grenadier-Garde-Bataillon grundsätzlich alle Angehörigen der Truppe als Grenadiere bezeichnet. Trotzdem gab es auch in dieser Truppe stets die Elite-Grenadiere in der Anzahl wie sie im Reglement für die preußische Infanterie festgelegt war. Die "allgemeinen" Grenadiere hießen *Große Grenadiere* und die Elitegrenadiere - da sie in der Kompanie- bzw. Bataillonsaufstellung an den Flügeln standen - *Flügelgrenadiere*.

FORMATIONSGESCHICHTE

Zu Beginn des spanischen Erbfolgekrieges 1701-1714 wurden durch den Schwedter Markgrafen Philipp Wilhelm sowie durch Fürst Leopold von Anhalt-Dessau die ersten Bemühungen deutlich, gegenüber anderen Armeen einen "Rüstungsvorsprung" durch den Einsatz besonders großgewachsener Leute zu gewinnen, die neben der normalen Infanterieausbildung auch im Granatenwerfen und zu besonderer Geschwindigkeit bei der Handhabung der Muskete gedrillt waren.

Kronprinz Friedrich Wilhelm von Preußen übernahm dieses Konzept der "Langen Kerls". Nach seiner Rückkehr aus dem Feldzug von Malplaquet 1709 formte er aus seiner bereits als Knabe im Amt Wusterhausen unterhaltenen *Jagdgarde* 1710 ein Korps *Grands-Grenadiers*. Die Wusterhauser Jagdtreibertruppe aus etwa 30 hochgewachsenen Altersgenossen hatte der Kronprinz bereits als Junge kommandiert. In einem Brief an den Fürsten von Dessau bedankt sich der achtjährige Friedrich Wilhelm für einen "recht schönen Kerl", den ihm der Fürst für seine Kompanie übersandt hatte[56].

Die Wusterhauser Jagdtreiber waren mit Holzgewehren bewaffnet, wurden von dem jungen Friedrich Wilhelm militärisch exerziert und bei entsprechenden Anläßen parademäßig vorgeführt. Einige von ihnen hatten später ihren Chef als Leibwache in den Feldzügen des Spanischen Erbfolgekrieges begleitet und gehörten nach der Rückkehr in die Heimat zum Gründungsstamm der Truppe der Großen Grenadiere. Weitere große, gutgewachsene junge Männer wurden wiederum durch Fürst Leopold von Anhalt-Dessau übersandt oder kamen von anderen Regimentschefs. Gleichzeitig wurden aber bereits in ganz Brandenburg-Preußen Rekruten für die Großen Grenadiere mehr oder weniger freiwillig "angeworben". Die Truppe erhielt den Namen *Großes* oder - nach der Farbe ihrer Unterkleider - auch *Rotes Leibbataillon* Grenadier und wurde vom Kronprinzen aus eigenen Mitteln und ohne Wissen des Vaters finanziert. Einquartierungsort war zunächst in Berlin auf dem Stallplatze, dann Wusterhausen.

Durch Adel und Beamte in den Marken Pommern, Magdeburg und Halberstadt waren "so viele Rekruten von einer ziemlichen Größe, als es ohne einen Eklat zu bewerkstelligen möglich" zusammenzubringen. 1711 war die Truppe schon 4 Kompanien stark, 1713 erhält sie mit der Thronbesteigung Friedrich Wilhelms den offiziellen Status als Garde. Die Bezeichnung des Bataillons ist zu diesem Zeitpunkt noch nicht eindeutig festgeschrieben. In den Armeelisten und Schilderungen der ersten Jahre des Bestehens finden sich *großes* oder *rothes Leibbataillon Grenadier*, *rothe Grenadier-Garde*, *Königs-Grenadierer*, *Seiner Königlichen Majestät rothe Grenadierer* oder *große Leibgrenadierer*.

Seiner Königlichen Majestät Regiment Grenadier.

Im April 1717 erfolgte die Zusammenlegung des Roten Leibgrenadier-Bataillons mit dem *Leibregiment*, auch *Königsregiment* (Nr. 6 der Stammliste, das ehemalige "Kronprinzenregiment"), dessen Chef Friedrich Wilhelm I. als Kronprinz gewesen war. Fortan rangierten die Langen Kerls unter der Stammlisten-Nummer 6 als *Königsregiment*. Die rote Riesengarde bildete im neuen Regiment das I. Bataillon. Alle Gemeinen des Königsregiments, auch die des II. und III. Bataillons, wurden nun als *große Grenadiers* bezeichnet. Damit läßt sich ab der Zusammenlegung die Tradition der "Langen Kerls" auch auf die des Regiments zu Fuß Nr. 6 als der älteren Stammtruppe zurückführen.

Die 1717 erfolgte Kombinierung der beiden Truppen war zunächst lediglich rein nominell, denn sowohl das nunmehrige I. Bataillon - das ehemalige rote Bataillon Grenadiers - und das II. und III. Bataillon (des ehemaligen Regiments zu Fuß Nr. 6) waren nach wie vor in zwei verschiedenen Standorten untergebracht. Die Garnison des I. Bataillons war Potsdam während das II. und III. Bataillon am alten Standort von Nr. 6 in dem vier Meilen entfernten Brandenburg an der Havel verblieben und das komplette Regiment lediglich während der jährlichen Königsrevuen zusammentraf. Erst 1738 ermöglichte die fortgeschrittene Stadterweiterung Potsdams die Einquartierung aller drei Bataillone. Bei den Potsdamern hieß die Truppe *Große Grenadiere*, *Königsgrenadiere* oder einfach *Lange Kerls*.

Bataillon Grenadiergarde.

Als 1740 Friedrich II. - der Große - die Nachfolge auf dem preußischen Königsthron antrat, nahm dessen bisheriges Kronprinzen-Regiment (Nr. 15 der Rangliste) die Stelle des neuen Leibregiments ein. Das bisherige Königsregiment Nr. 6 trat beim Leichenbegängnis Friedrich Wilhelms I. am 22. Juni 1740 als solches zum letzten Mal an die Öffentlichkeit, danach wurde es von Friedrich dem Großen zwar nicht aufgelöst, jedoch auf die Stärke eines einzigen Bataillons reduziert - nicht zuletzt wegen der immens hohen Unterhaltungskosten. Den überzähligen Leuten wurde freigestellt, ihren Abschied zu nehmen oder in andere Einheiten überzutreten. Lediglich drei der insgesamt 3 200 Königsgrenadiere nahmen den Abschied[1].
Als "Königsregiment" wurde jetzt das ehemalige Kronprinzen-Regiment Nr. 15 bezeichnet, welches nunmehr die Funktion der Lehr- und Palasttruppe übernahm. Das zusammengestrichene alte Königsregiment Nr. 6 hieß nun *Bataillon Königs Grenadier-Garde*, Chef war bis 1743 Friedrich II.

Das II. Bataillon von Nr. 15 wurde - bis auf seine alte Grenadierkompanie[15] - ganz aus jüngeren und besonders großen Leuten des ehemaligen Königsregiments zusammengesetzt. Die Angehörigen der Leibkompanie von Nr. 6 wurden je zur Hälfte auf die Regimenter zu Fuß Prinz Ferdinand (Nr. 34) und Prinz Heinrich (Füsiliere Nr. 35) aufgeteilt. Die neu aufgestellten Füsilier-Regimenter Nr. 36 - 39 erhielten ihre Unteroffiziere vom alten Königsregiment. Aus älteren und felddienstuntauglichen Leuten und solchen mit schlechter Führung, hauptsächlich Ausländern[7], wurde ein Garnisonsbataillon unter dem Kommando des Generalmajors Adam v. Weyher zusammengestellt (1763 Nr. 4), das an die Stelle des bis dahin in der Magdeburger Sternschanze stehenden Garnisonsbataillons trat. Zwölf der größeren Riesengrenadiere wurden als zivile Hofangestellte übernommen, wo sie einer Mode der Zeit entsprechend Dienst als *Haiducken* taten.

Das neue Bataillon *Königs Grenadier-Garde Nr. 6*, meist als *Bataillon Grenadier-Garde* bezeichnet, war indes der Truppenkörper, in dem die eigentlichen Langen Kerls weiterbestanden. Obwohl kein vollständiges Regiment mehr, behielt es seine bisherige Stammlisten-Nummer, wurde jedoch meist mit den Namen der jeweiligen Chefs z.B. einfach als *Retzow* bezeichnet. Verwechslungsgefahr in den Quellen besteht leicht durch die fast namensgleiche Benennung wie das *I. Bataillon Leibgarde* des Regiments Garde Nr. 15, das *Bataillon Leibgarde* genannt wurde. Das Bataillon der Langen Kerls stand im Rang auf gleicher Stufe mit dem II. und III. Bataillon Garde und bezog auch dessen höheres *Traktament* (Sold). Ab 1801, als in der gesamten Armee die Titulierung nach den Chefs entfiel, rangierten die Langen Kerls unter *Grenadier-Garde-Bataillon*.

Nach der katastrophalen Niederlage der Armee bei Auerstedt 1806 konnte sich der größte Teil des Bataillons nach Erfurt zurückziehen, wo ein Teil der Leute am 16. Oktober 1806 kapitulierte. Die verbliebenen Abteilungen ergaben sich bei Prenzlau am 28. Oktober den Franzosen. Mit seiner Kapitulation hörte das Grenadier-Garde-Bataillon 1806 auf zu existieren. 1808 erfolgte die Neu-Errichtung eines Garde-Regiments - ab 1813 *Erstes Garde-Regiment zu Fuß*. Zwei Kompanien darin wurden aus dem nach der Kapitulation gesammelten Rest des aufgelösten Bataillons Grenadiergarde aufgestellt, seit 1810 war der Standort Potsdam.

Ein neuer Rekrut für die Langen Kerls.

1: Friedrich Wilhelm I. in der Offiziersuniform des Roten Leibbataillons für den täglichen Dienst.
2: Rekrut in Zivilkleidung.
3: Offizier, Uniform für den täglichen Dienst.

FORMATIONSGESCHICHTE

Kronprinz Friedrich Wilhelm

ca. 1702
Jagdtreibertruppe Wusterhausen

1710
Bezeichnung:
Korps Grands-Grenadiers

Einquartierungsorte
1710 Berlin auf dem Stallplatze, dann Wusterhausen.
1711 Köpenick (Leibkompanie), Zossen, Mittenwalde.
Bis 27.02.1713 gesamtes Bataillon in Mittenwalde.

1710 - 1717
Bezeichnungen:

Großes Leibbataillon Grenadier
Rotes Leibbataillon Grenadier
Rothe Grenadier-Garde
Große Leibgrenadierer
ab 1713:
Königs-Grenadierer
Seiner Königlichen Majestät rothe Grenadierer

Einquartierungsort
ab 27.02.1713 gesamtes Bataillon in Potsdam

Chefs
1710-1713 Chef Kronprinz Friedrich Wilhelm
1713-1740 Chef König Friedrich Wilhelm I.

Friedrich Wilhelm I., der Soldatenkönig 27.2.1713 bis 31.5.1740

Ab April 1717
Bekam die Stammnummer 6. Bezeichnungen:

Seiner Königlichen Majestät Regiment Grenadier, Königsregiment

Rotes Leibbataillon Grenadier = I. Bataillon
ehem. I. Btn. Regiment zu Fuß Nr. 6 = II. Bataillon
ehem. II. Btn. Regiment zu Fuß Nr. 6 = III. Bataillon

Volkstümliche Bezeichnungen:
"Große Grenadiere"
"Königsgrenadiere"
"Lange Kerls"

Einquartierungsorte

I. Bataillon: Potsdam

II. Bataillon:
bis 1724 Brandenburg/Havel
ab 1724 Potsdam

III. Bataillon
bis 1738 Brandenburg/Havel
ab 1738 Potsdam

Chef
1717-1740 König Friedrich Wilhelm I.

Friedrich II., der Große. 31.5.1740 bis 17.8.1786

Nach 22. Juni 1740
Reduzierung des Königsregiments Nr. 6
auf 1 Bataillon

Überzählig
Leute

Bezeichnungen:

Bataillon Königs Grenadier-Garde Nr. 6
Bataillon Grenadier-Garde Nr. 6

1745-1760 Bataillon Grenadier-Garde v. Retzow
1760-1766 Bataillon Grenadier-Garde v. Saldern
1766-1779 Bataillon Grenadier-Garde v. Lestwitz
1779-1796 Bataillon Grenadier-Garde v. Rohdich
1796-1798 Bataillon Grenadier-Garde v. Roeder
1798-1801 Bataillon Grenadier-Garde v. Ingersleben

Chefs
1740 bis 1743: König Friedrich II.
ab 2.3. 1743:
Generalmajor Gottfried Emanuel von Einsiedel
ab 27.10.1745:
Oberst Friedrich von Retzow
ab 05.02.1760:
Generalmajor Friedrich Christoph von Saldern
ab 20.12.1766:
Oberst Hans Sigismund von Lestwitz
ab 17.06.1779:
Generalmajor Friedrich Wilhelm von Rohdich
ab 29.01.1796:
Generalmajor Dietrich von Roeder
ab 19.01.1798:
Oberst Friedrich von Ingersleben

Friedrich Wilhelm II., 1786 bis 1797
Friedrich Wilhelm III., ab 1797

1801-1806 Grenadier-Garde-Bataillon

1806 Auflösung der Truppe durch Kapitulation

Chefs
ab 21.12.1801: Oberst Carl Ludwig von Le Coq

Regiment zu Fuß Nr. 6

1675 "Regiment Kurprinz"

1701 "Kronprinzenregiment"

1713 Garderang:
"Seiner Königlichen Majestät Regiment", "Leibregiment" oder "Königsregiment"

Stärke:
1675: 2 Bataillone
1688: 1 Bataillon in holländischem Dienst, 1 Bataillon in Brandenburg
1697: 2 Kompanien abgegeben
1699: 2 Kompanien wieder angeworben
1702: 2 Kompanien zu den holl. Bataillons
1703: 2 Kompanien wieder angeworben
1704: III. Bataillon aus märkischen und pommerschen Garnisonen
1705: 1 neue Kompanie errichtet, somit zus. 15 Kompanien in 3 Bataillons
1713: Abgabe von Bataillon Nr. III
1717: Ab April werden I. und II. Bataillon zu "II. und III. Bataillon Grenadier"

Chefs:
1675-1688 Kurprinz Friedrich v. Brandenburg
1688-1740 Kurprinz (ab 1701 Kronprinz, ab 1713 König) Friedrich Wilhelm I.

Kommandeure:
1675 Oberst-Lieutenant Georg Friedrich v. Arnim
1677 vor Stettin Hans Georg Adam v. Löben
1678 Mai-Sept. Oberst-Lieutenant Krummensee
1678 Sept. Oberst v. Belling
1688/89 Oberst-Lieutenant Adam v. Krusemark
1689-1696 Oberst de La Cave
1696 Oberst Albrecht Conrad Finck von Finckenstein
1711 Kronprinz Friedrich Wilhelm

Einquartierungsorte:
1675 Berlin, 2 Kompanien in Spandau
1688 1 Bataillon in Hollands Dienst.
1711 Mark Brandenburg und Magdeburg
II. Bataillon 1713 - 1724 Brandenburg (Havel), ab 1724 Potsdam
III. Bataillon 1713 - 1738 Brandenburg (Havel), ab 1738 Potsdam

Ab April 1717 Vereinigung mit dem Roten Leibbataillon

Die Hälfte der Leibkompanie an Regiment zu Fuß Prinz Ferdinand Nr. 34
Die Hälfte der Leibkompanie an Regiment Prinz Heinrich Füsiliere Nr. 35

Das II. Bataillon von Garde Nr. 15 komplett aus Nr. 6
Das Garnisonsbataillon Adam v. Weyher komplett aus Nr. 6

Kombinierte Grenadierbataillone:

Flügelgrenadierkompanie Lange Kerls

1744-1763

bezeichnet als
Grenadierbataillon Major v. Kleist, ab Juli 1757 Major Hacke, danach Kapitän v. Wechmar, Kapitän v. Enckevort 1758 Oberstlt. v. Phloto, ab 1759 wieder Major v. Hacke

Flügelgrenadierkompanie aus I. Batl. von Nr. 3

Flügelgrenadierkompanie aus II. Batl. von Nr. 3

Flügelgrenadierkompanie aus III. Batl. von Nr. 3

nach d. Schlacht bei Torgau 3.11.1760 vorübergehend vereinigt mit Grenadierbataillon Graf Anhalt:
Flügelgrenadierkomp. von IR Nr. 15 u. Nr. 18

Flügelgrenadierkompanie Lange Kerls

ab 1799 für Gefechtsexerzieren während Friedensperioden:

bezeichnet als
Garde-Grenadier-Bataillon
Grenadier-Bataillon der Garde
Flügel-Grenadier-Bataillon
Grenadier-Bataillon v. Forstner
Grenadier-Bataillon v. Schwichow

Flügelgrenadierkompanie aus I. Batl. von Garde Nr. 15

Flügelgrenadierkompanie aus II. Batl. von Garde Nr. 15

Flügelgrenadierkompanie aus III. Batl. von Garde Nr. 15

KRIEGSEINSATZ

Regiment zu Fuß Nr. 6 von 1675 bis 1717

Anstelle der z.T. aufgelösten Haustruppen des Vaters wurde 1713 durch Friedrich Wilhelm I. das ihm 1711 als Kronprinz verliehene Regiment Nr. 6 zur Garde erhoben. Es verdankte seine Errichtung dem Einfall der Schweden in der Kurmark 1675, der Chef war Kurprinz Friedrich von Brandenburg. Einsätze des Regiments: 1677 in Pommern, Belagerung Stettins. 1686 in Ungarn, Belagerung von Ofen. 1689 am Rhein, Sturm auf Kaiserswerth und Bonn. Ein Bataillon in holländischen Diensten 1691 bei Leuse und Steenkerken. 1695-1697 Belagerung von Namur und Gent, Schlacht von Oudenarde.

Im Spanischen Erbfolgekrieg 1702 Belagerung von Kaiserswerth, 1703 von Rheinbergen, 1704 Belagerung von Geldern und Schlacht bei Höchstädt. 1706 vor Menin, 1708 bei Oudenarde, Teilnahme an der Eroberung von Ryssel und Wienendael, dem Übergang über die Schelde, der Einnahme von Gent. 1709 Schlacht bei Malplaquet, bei der Eroberung von Dornick und Mons. 1710/11 Belagerung von Bethune, Bouchain, Douai, Aire. 1712 vor Landrecy und bei der Einnahme von Meurs. 1713 Rückkehr in die Mark. 1715 Vorpommern-Feldzug gegen die Schweden, Belagerung von Stralsund.

Eine Teilnahme des Roten Leibbataillons am Rügen-Feldzug 1715, wie in einigen Quellen erwähnt, hat nicht stattgefunden. Vielmehr handelte es sich bei der betreffenden Truppe um zwei Bataillone des Regiments zu Fuß Nr. 6 Kronprinz[19], welches erst 1717 mit den roten Leibgrenadieren zum Königsregiment vereint wurde. 1733/34 wurde das auf 8 Kompanien verstärkte III. Bataillon des Königsregiments zum Einsatz im Rheinfeldzug nur mobil gemacht. 1729 erfolgten preußischerseits Kriegsvorbereitungen gegen den Nachbarstaat Hannover, die auch die Mobilmachung des Königsregiments einschlossen. Zum tatsächlichen Ausmarsch kam es auch hier nicht.

Anläßlich des Polnischen Thronfolgekrieges war zur Hilfe Sachsens der Aufmarsch einer 50 000 Mann starken preußischen Armee am Niederrhein vorgesehen. Zum Kontingent sollte auch das III. Bataillon des Königsregiments gehören, beim Ausmarsch 1734 war es dann wiederum nicht darunter[6]. Auch die geplante Entsendung eines Teils der Königsgrenadiere zur Besetzung von Jülich-Berg 1738 fand schließlich nicht statt.
So haben die langen Kerls unter Friedrich Wilhelm I. nie einen kriegsmäßigen Einsatz mitgemacht. Unter der Regentschaft Friedrichs II. dann zeichnete sich das Bataillon Grenadier-Garde in den wesentlichen Schlachten vielfach aus.

Schlesische Kriege 1740-42 und 1744-1745

Im April 1741 verließ auch Generalmajor von Einsiedel mit seinen Grenadieren die Garnison. Ohne jedoch an Kampfhandlungen teilgenommen zu haben, rückten die Langen Kerls Anfang Oktober 1741 wieder in die Potsdamer Winterquartiere ein. Beim Einmarsch in Böhmen 1744, der den Zweiten Schlesischen Krieg eröffnete, zählte das Grenadier-Garde-Bataillon zu den Spitzen. Es bildete einen Teil der Besatzung der von den Preußen eingenommenen und später wieder aufgegebenen Stadt Prag. Die abgezogene Besatzungstruppe bestand auf dem Rückmarsch nach Schlesien schließlich weitgehend nur noch aus Angehörigen des Grenadier-Garde-Bataillons.

Am 4. Juni 1745 bei Hohenfriedeberg standen die Langen Kerls im Zentrum des ersten Treffens am linken Flügel des Regiments Garde unter Prinz Ferdinand von Braunschweig. Die Garde-Bataillone trafen südlich von Günthersdorf auf den Feind, Nr. 6 verlor 7 Offiziere und 184 Mann[14], erhielt drei *Pour le Mérite* und erwarb das Recht, "für alle Zeiten den Grenadiermarsch zu schlagen"[36]. Am 30. September 1745 bei Soor erstürmten die Langen Kerls zusammen mit II/15 und mit Prinz Ferdinand von Braunschweig an der Spitze die Burkersdorfer Höhen, wo sie einen Bajonettangriff auf die österreichischen Infanterie-Regimenter Nr. 34 und Nr. 12 vortrugen und 5 Offiziere und 104 Mann verloren[14].

Siebenjähriger Krieg 1756-1763

Am 5. November 1757 Teilnahme an der Schlacht bei Roßbach. Das Grenadier-Gardebataillon v. Retzow schließt wiederum an der linken Seite des II. und III. Bataillons Garde im ersten Treffen an. Die Verluste betragen fünf Mann[36]. Während der Schlacht bei Leuthen am 5. Dezember 1757 ist der Platz des Grenadier-Garde-Bataillons wiederum am linken Flügel von II./III. Bataillon Garde. Beim Sturm auf den ummauerten Kirchhof und während des Ortskampfes zeichnete sich Nr. 6 durch besondere Tapferkeit aus. Verluste: 36 Tote, 156 Verwundete[57]. Die Gesamtverluste an dem Tag betrugen bei den Langen Kerls 4 Offiziere und 188 Mann. Beim Sturmangriff auf die Hochkircher Höhen, kommandierte der König selbst die Grenadier-Garde Nr. 6 und das II. Bataillon Garde.

Am 14. Oktober 1758 in der Schlacht bei Hochkirch gehen die Leibfahne und eine der Regimentsfahnen verloren[36]. Das Grenadier-Garde-Battalion führte westlich von Hochkirch zusammen mit den Regimentern zu Fuß Nr. 15, Nr. 20, Nr. 26 und Kavallerie-Unterstützung einen Gegenangriff gegen Laudon's linke Flanke. Die großen Grenadiere gehörten wieder zu den Einheiten mit den höchsten Verlusten, etwa 335 Mann.[36].

Am 15. August 1760 in der Schlacht bei Liegnitz stand das *Grenadier-Garde-Bataillon v. Saldern* im 1. Treffen in der gleichnamigen Brigade, anschließend am linken Flügel von III/15. Es war am Hauptkampf nicht beteiligt und seine Verluste betrugen 4 Mann, 10 wurden verwundet[36]. Bei Torgau am 3. November 1760, hatte das Grenadier-Garde-Bataillon v. Saldern wieder seinen Platz im 1. Treffen der Brigade v. Saldern. Die Regimenter wurden am Lausker-Berg in heftige Kämpfe mit den Österreichischen Infanterie-Regimentern Nr. 2 und 3 verwickelt die Verluste: 8 Offiziere und 338 Mann. In der Schlacht bei Burkersdorf am 21. Juli 1762 stellte Nr. 6 fünfzig Freiwillige für einen im Dunkeln ausgeführten Angriff auf das befestigte feindliche Lager von Burkersdorf[36].

Kombiniertes Grenadierbataillon

Die Flügelgrenadier-Kompanie befand sich im kombinierten Grenadierbataillon zusammen mit den Flügelgrenadieren aus dem Regiment Nr. 3, die Bezeichnung des Bataillons erfolgte nach dem jeweiligen Kommandeur. Bei Hohenfriedeberg 1745 unter Oberstleutnant v. Buddenbrock eingesetzt, zählten die kombinierten Grenadiere zu den Einheiten mit den schwersten Verlusten, der Kommandeur fiel. In der Schlacht bei Soor im gleichen Jahr wurde das kombinierte Grenadierbataillon von Tresckow kommandiert.1756 bei Lobositz, 1757 vor Prag und am 3. Juli im Postengefecht bei Welmina. Teilnahme am Treffen bei Moys sowie an den Schlachten bei Breslau und Leuthen. 1758 vor Ölmütz, am 14. Oktober am äußersten rechten Flügel bei Hochkirch. 1759 Gefecht bei Hoyerswerda, 1760 bei Liegnitz und bei Torgau.

Feldzüge 1777/78, 1792, 1806

Während des Bayerischen Erbfolgekrieges 1777/78 stand das Grenadier-Gardebataillon in der Ersten Armee, 1778/79 im Reservekorps des Königs. 1792 nahm es am Rheinfeldzug gegen Frankreich teil und kam im Korps des Herzogs von Braunschweig unter anderem bei Pirmasens und Kaiserslautern 1793 zum Einsatz.

Im Feldzug 1806 standen die Langen Kerls mit 800 Mann bei Auerstedt im Reserve-Korps der Hauptarmee in der 1. Reserve-Division unter Gen.-Lt. Graf v. Kuntheim. Das Grenadier-Garde-Bataillon bildete darin zusammen mit dem Leib-Garde Bataillon (I/15), den beiden Bataillonen "Regiment Garde" (II und III/15) und der 12-Pfünder Batterie Faber die 1. Brigade unter Generalmajor v. Hirschfeld. Nach dem für die Preußen vernichtenden Ausgang der Schlacht bildete Nr. 6 mit II und III/15 während des Rückzugs der Armee die Arriere-Garde und löste sich dann durch Kapitulation auf.

Grenadier-Garde-Bataillon im Siebenjährigen Krieg 1756-63

1: Unteroffizier.
2: Offizier.
3: Gemeiner.

DIE WACHTPARADE - LEBEN IN DER GARNISON

Sobald die Ausbildungsphase der Rekruten abgeschlossen war, bestand im Frieden die Hauptbeschäftigung der Langen Kerls im Exerzieren und dem stetig wiederkehrenden Wachdienst. Bei Tagesanbruch wurde durch den diensttuenden Trommler der Hauptwache geweckt, dann während eines Teils des Vormittags exerziert. Ab Mittags war für diejenigen, die nicht zur Wache eingeteilt waren, dienstfrei. Nur hin und wieder fanden Spezialrevuen statt. Ein großer Teil der dienstfreien Zeit war dem Putzen und Instandhalten der Uniform, Waffen und Ausrüstung zu widmen. Auf tägliche tadellose Erscheinung wurde vom König allergrößter Wert gelegt. Notwendige Reinigungs- und Putzmittel hatte der Soldat auf eigene Kosten zu beschaffen.

Diese Ausgaben waren bei den Langen Kerls wegen des ständigen Dienstes an der Öffentlichkeit vergleichsweise hoch und ohne bei der Anwerbung ausgehandelte regelmäßige Zulagen zum Traktament nicht zu bestreiten. Was vom vorschriftsmäßigen Sold nach den anfallenden Kompanie-Abzügen für Uniform- und Ausrüstungsstücke übrigblieb war so knapp bemessen, daß für viele eine Nebentätigkeit notwendig war um über die Runden zu kommen. Auch die Angehörigen des Offizierskorps, die immerhin bis auf wenige Ausnahmen aus dem Adel kamen, vermochten vom Traktament allein nur schwerlich zu existieren. Nach den monatlichen Abzügen für die reglementsmäßige kostspielige Uniform und Ausstattung blieben dem Offizier bei weitem nicht genug Mittel für das von ihm erwartete standesgemäße Auftreten. Eine zunehmende Überschuldung war die zwangsläufige Folge wenn es weder eine finanzielle Unterstützung durch die Familie noch regelmäßige Einkünfte aus einem eigenen Gutsbesitz gab.

Die Wachtparade[1,2,36]

Die Wachtparade war die täglich neu aus verschiedenen Kompanien für den Garnisons- und Regimentswachdienst zusammengestellte Truppe. Unter *Wachtparade* verstand man nicht nur das in Form einer Parade stattfindende allmorgendliche Aufmarschieren und Einteilen der Wachen und Posten. Allein 15 Tore der Stadt waren ständig zu besetzen, dazu zahlreiche weitere Posten und Schildwachen. Jede Kompanie stellte täglich 2 Unteroffiziere mit 22 Mann für Wachaufgaben ab, das Leibbataillon des Königs einen Kapitän und 8 Offiziere. Letztere hatten nach Ausgabe der Tagesparole laufend alle Wachpunkte zu kontrollieren. Zusätzlich durchkämmten Patrouillen von der Hauptwache aus ununterbrochen die Stadt[2]. Nicht nur der eigentliche Wachdienst, auch das Exerzieren und das Gefechtsexerzieren[28] wurden im weitläufigen Sinne als Wachtparade bezeichnet. Darüberhinaus wurde für die Potsdamer Bürger *die Wachtparade* schließlich zum Spitznamen für die Gardetruppen an sich.

Zu Beginn der Regierungszeit Friedrichs des Großen waren von den 11 000 Einwohnern Potsdams 3 800 Lange Kerls. Als das mehr als 700 Mann umfassende Rote Leibbataillon dann am 3. Juli 1713 in Potsdam einrückte, wurden seine Angehörigen in 220 Bürgerhäuser einquartiert. Die Truppe war in streng eingeteilten Straßenbereichen, sogenannten Bataillonbezirken, zusammengefaßt und lag zu je 4 Mann in Privatquartieren. Um 1740 hatte das Grenadier-Garde-Bataillon seinen Bezirk im Bereich des Kiezes und des Holländerviertels. Hier oblag die Lebensmittelversorgung inklusive einer Reihe vorgeschriebener Dienst- und Sachleistungen den Quartierwirten - gegen ein geringes Entgelt. Als Ausgleich für die Erschwernis der Einquartierungen hatte der König die Einwohner der Stadt von Werbungen und Militärdienstpflicht befreit.

Erste kasernenartige Gebäude waren einfache Fachwerkhäuser - Sammelunterkünfte in denen die verheirateten Soldaten mit ihren Familien untergebracht waren. Kasernen wurden planmäßig erst nach 1763 von Friedrich dem Großen gebaut. Im August 1724 war das komplette II. Bataillon des Königsregiments von Brandenburg nach Potsdam verlegt, erst 1738 schließlich auch das III. Bataillon. Wer weder Hausbesitz noch Familie in Preußen nachweisen konnte oder auf Grund der Herkunft aus dem Ausland von vornherein desertionsgefährdet war, kam aus der Stadt oder dem fest eingegrenzten Bataillonsbezirk nicht heraus. Urlaub bedeutete dann lediglich die Erlaubnis, sich innerhalb der Stadt frei zu bewegen. Diese Regelung betraf selbst die Offiziere. Bei Übungen außerhalb der Stadtmauer wurden die umliegenden Dörfer in Alarmbereitschaft versetzt, zusätzlich patrouillierten Reiter des "Berlinischen Husarencorps", die speziell für die Verfolgung von Deserteuren aus dem Königsregiment in Potsdam lagen[2].

1718 wurde die Sadt, die teilweise bereits durch die Havel eingegrenzt war, mit einem hohen Palisadenzaun umgeben, 1721 durch eine mehr als drei Meter hohe Stadtmauer. Diese sollte neben Desertion auch den Schmuggel verhindern, denn auf alle in die Stadt eingehenden Waren wurde eine Steuer (*Akzise*) erhoben. Militärposten an allen Eingangstoren Potsdams kontrollierten die Entrichtung dieser Abgaben.

Der überwiegende Teil der Langen Kerls waren *Kapitulanten* mit Zeitverträgen. Etwa ein Drittel waren wohlhabende *Langdienende*, welche die bei der Einschreibung oder Verlängerung ihrer Kapitulation erhaltenen Handgelder gut angelegt hatten. Die Herkunft der Langen Kerls spiegelte die gesamte soziale Bandbreite vom entwurzelten Glücksritter bis zum gut gestellten Haus- und Grundstücksbesitzer wider. Mehr als 10% der Mannschaften kamen aus dem Adel[1,2,36].

“Wer da bringt den Deserteur,
dreißig Preuß´sche Taler sein Douceur”[29]

Ein vergleichsweise geringer Prozentsatz der Grenadiere blieb dienstunwillig oder verzweifelte am stumpfsinnigen Dienst und der fremden Kultur bar jeder Hoffnung, jemals die entfernt lebenden Angehörigen wiederzusehen. Durch Fahnenflucht, Gewalt oder Selbstmord versuchten diese, ihrer Lage zu entkommen. Für einige waren auch die als ungerecht und ehrverletzend empfundenen Stockschläge ein Desertionsgrund, die von den Vorgesetzten bereits bei kleinen Unachtsamkeiten im Dienst verteilt wurden. Fluchtversuche, manchmal ganzer Gruppen, kamen immer wieder vor. Auch Offiziere desertierten. 1730 mißglückte der Fluchtversuch des Kronprinzen Friedrich, der daraufhin für zwei Jahre auf die Festung Küstrin verbannt wurde und seine militärische Karriere danach in Nr. 15 fortsetzte.

Diejenigen der Langen Kerls, die ihren Dienst ohne Disziplinverletzung willig versahen, wurden von Friedrich Wilhelm I. in vieler Hinsicht gefördert, um sich neben dem Soldatenberuf eine gesicherte Existenz aufbauen und in das bürgerliche Leben Potsdams seßhaft integrieren zu können. Üblich waren Geschenke in Form von Baumaterial oder Handelskonzessionen, häufig Geldgaben bei Heirat oder der Geburt von Kindern. Mit vielen seiner Langen Kerls pflegte der König persönlichen Umgang, jeder von ihnen hatte die Gelegenheit, ihn bei Bedarf direkt aufzusuchen. Auch wurde dafür gesorgt daß die Angehörigen der verschiedenen Glaubensrichtungen in der Truppe ihre Religionen praktizieren konnten. Darüberhinaus wurden uneheliche Lebensgemeinschaften toleriert, die von vielen der Grenadiere gepflegt wurden. Wer aber unwillig diente, gegen die Disziplinarordnung verstieß oder gar zu desertieren suchte, erfuhr den gefürchteten, häufig überschießenden Zorn des Königs.

Seit 1713 war der preußische König Chef seines Regiments sowie der Leibkompanie. Alle preußischen Prinzen dienten als Offiziere bei den Langen Kerls. Friedrich II, (geb. 1712) war mit 13 Jahren jüngster Hauptmann im Regiment, diente in der Leibkompanie als Adjutant des Vaters und wurde 1728 Oberstleutnant. 1738 wurden die Prinzen August Wilhelm (geb. 1722) und Heinrich (geb. 1726) in das Offizierskorps aufgenommen. August Wilhelm erhielt 1739 das Patent eines Oberstleutnants.

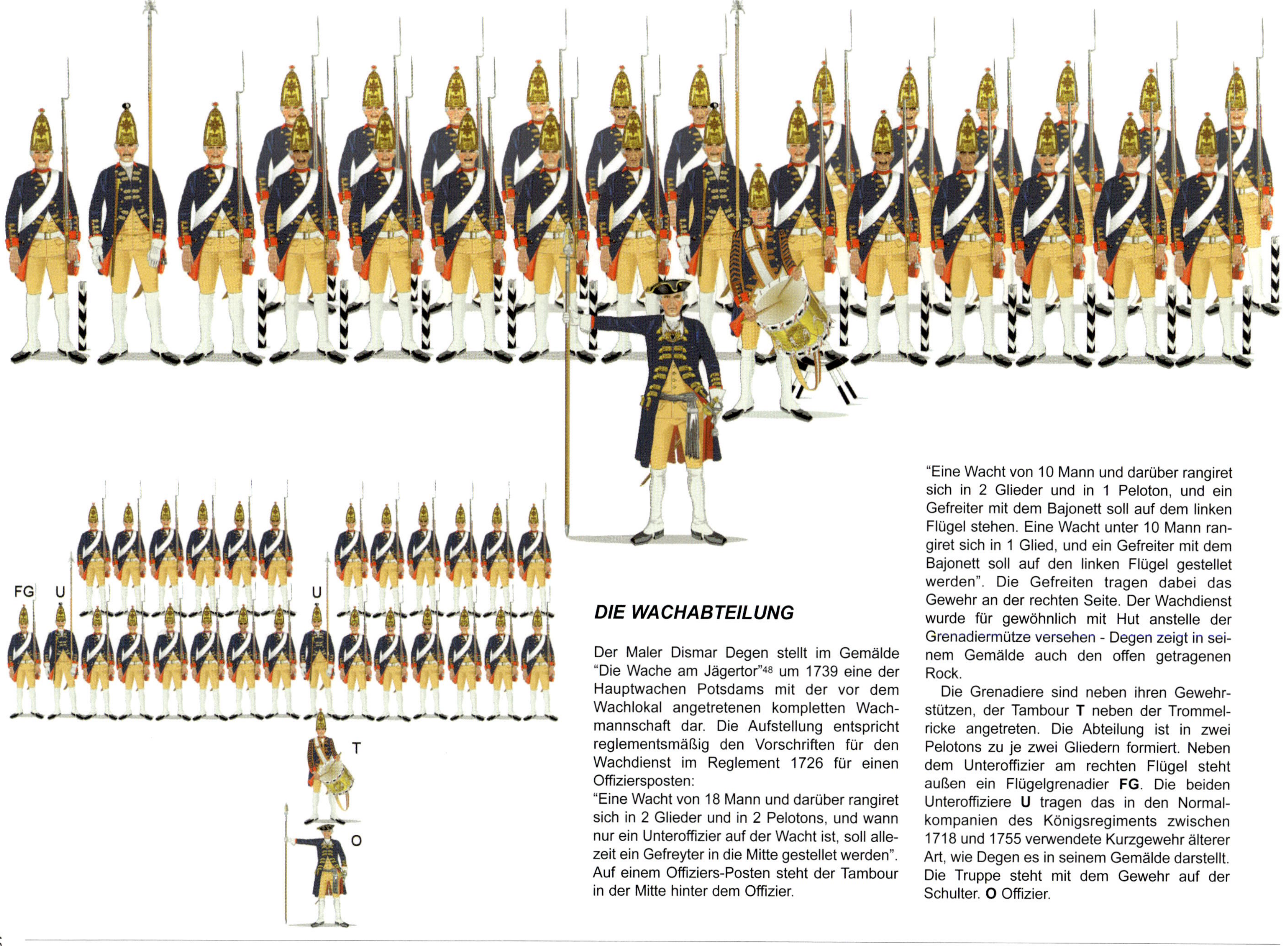

DIE WACHABTEILUNG

Der Maler Dismar Degen stellt im Gemälde "Die Wache am Jägertor"[48] um 1739 eine der Hauptwachen Potsdams mit der vor dem Wachlokal angetretenen kompletten Wachmannschaft dar. Die Aufstellung entspricht reglementsmäßig den Vorschriften für den Wachdienst im Reglement 1726 für einen Offiziersposten:

"Eine Wacht von 18 Mann und darüber rangiret sich in 2 Glieder und in 2 Pelotons, und wann nur ein Unteroffizier auf der Wacht ist, soll allezeit ein Gefreyter in die Mitte gestellet werden". Auf einem Offiziers-Posten steht der Tambour in der Mitte hinter dem Offizier.

"Eine Wacht von 10 Mann und darüber rangiret sich in 2 Glieder und in 1 Peloton, und ein Gefreiter mit dem Bajonett soll auf dem linken Flügel stehen. Eine Wacht unter 10 Mann rangiret sich in 1 Glied, und ein Gefreiter mit dem Bajonett soll auf den linken Flügel gestellet werden". Die Gefreiten tragen dabei das Gewehr an der rechten Seite. Der Wachdienst wurde für gewöhnlich mit Hut anstelle der Grenadiermütze versehen - Degen zeigt in seinem Gemälde auch den offen getragenen Rock.

Die Grenadiere sind neben ihren Gewehrstützen, der Tambour **T** neben der Trommelricke angetreten. Die Abteilung ist in zwei Pelotons zu je zwei Gliedern formiert. Neben dem Unteroffizier am rechten Flügel steht außen ein Flügelgrenadier **FG**. Die beiden Unteroffiziere **U** tragen das in den Normalkompanien des Königsregiments zwischen 1718 und 1755 verwendete Kurzgewehr älterer Art, wie Degen es in seinem Gemälde darstellt. Die Truppe steht mit dem Gewehr auf der Schulter. **O** Offizier.

WACHEN UND WACHTDIENST

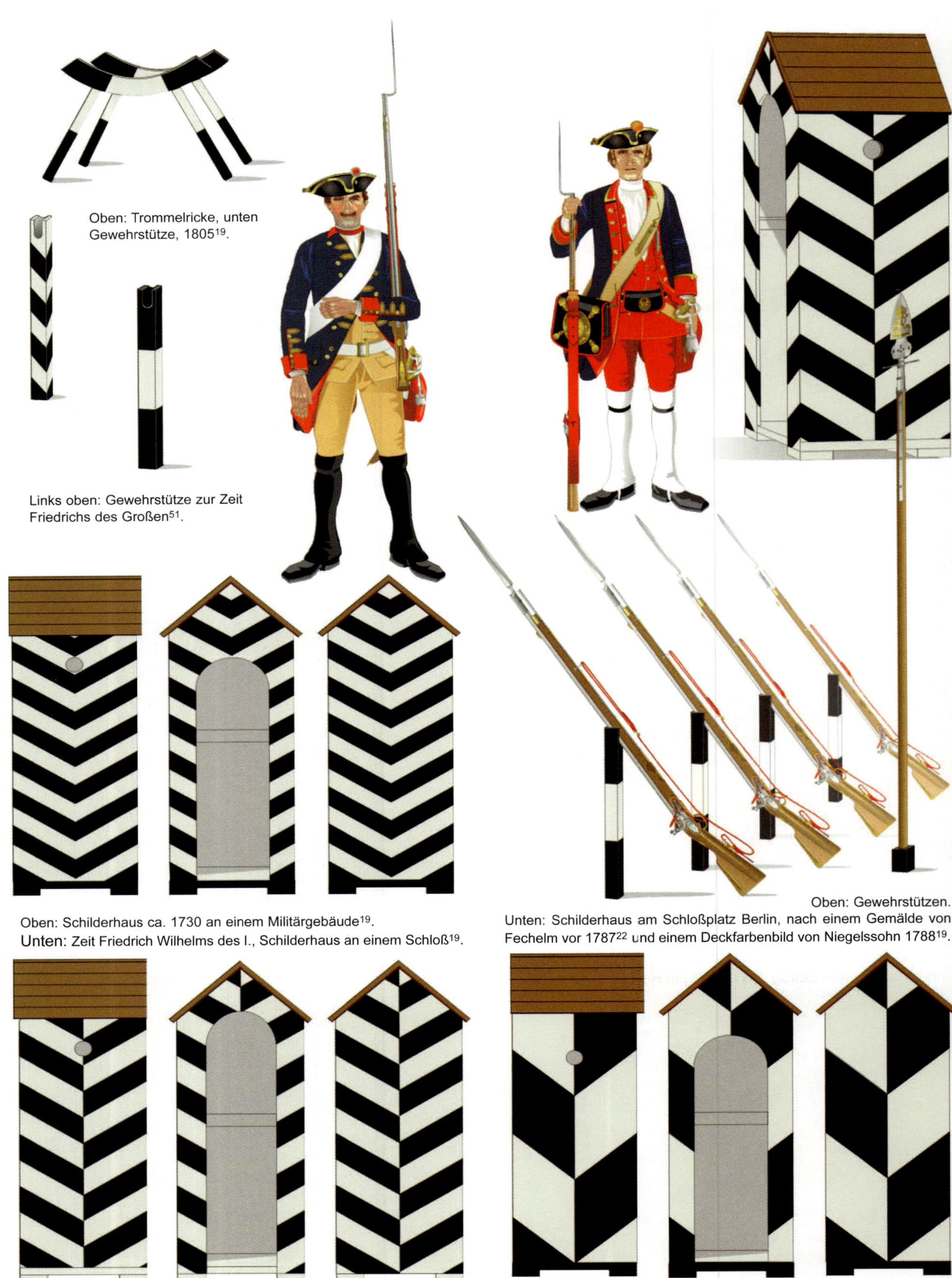

Oben: Trommelricke, unten Gewehrstütze, 1805[19].

Links oben: Gewehrstütze zur Zeit Friedrichs des Großen[51].

Oben: Schilderhaus ca. 1730 an einem Militärgebäude[19].

Unten: Zeit Friedrich Wilhelms des I., Schilderhaus an einem Schloß[19].

Oben: Gewehrstützen.

Unten: Schilderhaus am Schloßplatz Berlin, nach einem Gemälde von Fechelm vor 1787[22] und einem Deckfarbenbild von Niegelssohn 1788[19].

SCHILDERHÄUSER UND WACHEN

Schilderhäuser befanden sich an Kontrollstellen wie Toren oder Brücken, vor bedeutenden Gebäuden und vor dem Wachlokal - häufig einem gewöhnlichen Bürgerhaus. Schilderhäuser und die vor dem Wachgebäude aufgestellten Gewehrstützen waren je nach Standort in besonderer Weise in den preußischen Farben gestrichen. Bei solchen neben militärischen Gebäuden stießen die gleichfarbigen Streifen jeweils zusammen, bei solchen vor königlichen Schlössern gegenteilig aneinander. Die Schildwache hatte das Gewehr stets mit aufgepflanztem Bajonett zu tragen. Bei Nahen eines Vorgesetzten gab es verschiedene Arten zu präsentieren: Bei abgesetztem Gewehr präsentiert der Posten mit aufgestelltem Gewehr am ausgestrecktem Arm, bei geschultertem Gewehr wurde das Gewehr beim Präsentieren vor die Brust genommen. Nach Eintreten der Dunkelheit wurde nicht mehr präsentiert[8]. Bei regnerischem Wetter trug die Schildwache das Gewehr verdeckt unter dem linken Arm. Nur bei schlimmem Regen oder Schneefall durfte der Posten sich in das Schilderhaus selbst stellen. Nach dem Reglement sollte in den Schilderhäusern vom 1. November bis Ende April ein Wachmantel hängen, der nachts von der Schildwache umgelegt werden konnte. Bei "kaltem oder sehr regnichtem" Wetter konnte der Rock der Wachen bei Bedarf geschlossen und das Leibkoppel darüber geschnallt werden[17].

"Es müßen auf alle Wachten Gewehrstützen und Trommel-Ricken gesetzt werden"[17]. Während eine ständige Schildwache vor dem Wachlokal auf Posten stand, befand sich der Rest der Wachmannschaft drinnen in Bereitschaft oder hielt sich zwanglos vor dem Gebäude auf. Die Musketen ruhten griffbereit auf den Gewehrstützen, Kurzgewehre und Spontons sollten mit ihren Fußtüllen in hölzerne Halterungen senkrecht eingestellt sein, Trommeln auf den Ricken abgelegt. Diese Halterungen waren gemäß der reglementsmäßigen Aufstellung der Wachmannschaft angeordnet, so daß beim vorschriftsmäßigen Heraustreten jeder Mann automatisch neben seiner Gewehrstütze, der Tambour neben seiner Trommelricke stand. Beschreibungen zu den Einzelheiten des Wachdienstes finden sich im Reglement 1726 S. 396 ff und im Reglement 1743 S. 475 ff. Die Waffen lagen unter der Aufsicht der Schildwache bei gutem Wetter auch nachts auf den Stützen vor dem Wachlokal.

REKRUTEN FÜR DIE LANGEN KERLS[1,6]

"Wen die Natur mit einer ansehnlichen Leibeslänge ausgestattet hatte, der mochte zusehen, wie er sich in Sicherheit brachte, ihn schützte kein Gesetz, keine Behörde"[6]

Die Geschichten darüber, wie die Langen Kerls "angeworben" wurden, sind genauso zahlreich wie vielfältig und abenteuerlich. Es gab gewaltsame Entführungen durch Beauftragte Friedrich Wilhelms oder skrupellose Menschenhändler und die Anwerbung durch Betrug des begehrten Rekruten genauso wie die freiwillige Einschreibung bei ehrlicher Zahlung eines guten Handgeldes mit regelrechtem und eingehaltenem Dienstvertrag. Eine große Anzahl von Riesengrenadieren kamen als Geschenke anderer Monarchen - in großer Zahl vom russischen Zaren - nach Potsdam, andere waren dem Soldatenkönig als Gegenleistung vom Bewerber für eine lukrative Stelle in der preußischen Verwaltung zu "liefern". Eine ausführliche Dokumentation über die Anwerbung findet sich bei Kloosterhuis[1]. 1733 wurde das *Kantonssystem* eingeführt. Jedes Regiment bekam einen Bezirk zugeteilt, in dem die geeigneten dienstfähigen jungen Männer zum Militärdienst ausgehoben werden konnten. Sie wurden bereits als Jungen gemustert und *enrolliert*, d.h. in die Kompanierolle eingeschrieben. Im Falle einer Aushebung von Rekruten für das Königsregiment aus dem pommerschen Kanton im Jahre 1739 wurde ein Trupp von 4 Unteroffizieren (mit Bajonettflinten ausgerüstet) und 30 Gemeinen unter dem Kommando eines Leutnants beauftragt, "mindestens 20 Enrollierte von 5 Fuß 8 Zoll zusammenzubringen und nach Wusterhausen zu schaffen"[1]. Der Nachwuchs für das Königsregiment wurde aus dem Rekrutierungsbezirk Potsdam (Werder, Saarmund, Brandenburg) gezogen während die Einwohner der Stadt Potsdam selbst wegen der ihnen auferlegten Einquartierungen von der Enrollierung befreit waren. Für den Zeitraum zwischen 1737-40 kam ein pommerscher Bezirk dazu, der die Kreise Polzin, Belgard und Teile der Kreise Greifenberg und Daber umfaßte. Nach der Umformierung in das Garde-Grenadier-Bataillon Nr. 6 erhielten die Langen Kerls ihren Rekruten-Nachwuchs zusammen mit den anderen Garde-Bataillonen aus 6 schlesischen Gebirgskreisen und nach wie vor aus den Feldregimentern. Es kamen jährlich von jedem Infanterie-Regiment der Armee sechs, von jedem Kavallerie-Regiment drei auserlesene Leute, von denen eine Hälfte Inländer (geborene Preußen), die anderen Ausländer (aus nichtpreußischem deutschen Gebiet oder aus europäischen Staaten) waren[19].

Der zeitlich befristete Dienstvertrag, die *Kapitulation*, wurde auf acht, sechs oder vier Jahre abgeschlossen. Eine Verlängerung der Kapitulation gab es ab 1727 nur noch auf acht weitere Jahre. Nach Ablauf seiner Kapitulation konnte diese für einen weiteren Zeitraum erneuert werden oder der Betreffende ein lebenslanges Dienstverhältnis eingehen (*die Kapitulation abgeben*). Eine vorzeitige Beendung der vereinbarten Dienstzeit war durch Stellung eines Ersatzmannes möglich. Zwischen 1726-1739 waren etwa ein Drittel der Mannschaften der Königsgrenadiere lebenslang dienende, davon avancierte etwa die Hälfte zum Unteroffizier. Nach der Übernahme der Regierung veranlaßte Friedrich II. schon 1740 ein geändertes Vorgehen bei der Beschaffung neuer Rekruten.
Die Enrollierungen wurden weniger scharf durchgesetzt, die gewaltsame "Werbung" wurde gänzlich untersagt sowie die hohen Werbeprämien für die Ausländerwerbung drastisch reduziert und verbindlich festgesetzt.

Rechts:
Königsgrenadier im Garnisonsanzug bis ca. 1760

Auch in der Freizeit hatte der Soldat außerhalb des Quartiers stets in Uniform zu erscheinen, jedoch ohne das Säbelgehenk.
Noch bis etwa 1770 konnte der Rock bei allen Diensten über der Brust geöffnet getragen werden, dies war insbesondere während des Sommers der Fall.

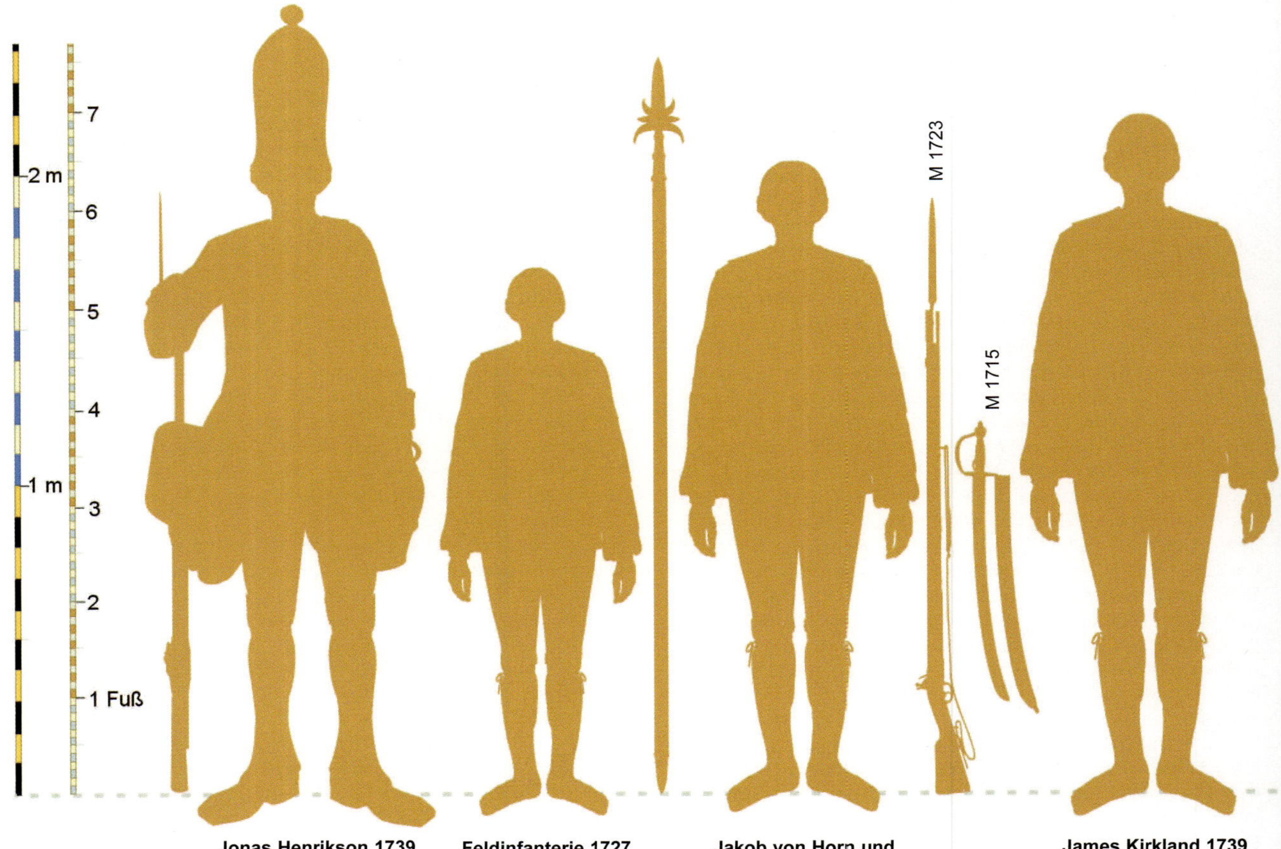

Jonas Henrikson 1739
6 Fuß 9 Zoll

Feldinfanterie 1727
5 Fuß 5 Zoll bis
5 Fuß 9 Zoll

Jakob von Horn und Schwerid Redivanoff 1739
je 6 Fuß 6 Zoll

James Kirkland 1739
6 Fuß 11 Zoll,
auch 6 Fuß 8 Zoll

LANGE KERLS

Die am höchsten gewachsenen Leute standen immer in der Leibkompanie, also der I. Kompanie des I. (Leib-) Bataillons. Da die Kompanien nach dem Reglement der Infanterie stets so aufgestellt waren, daß im ersten Glied die jeweils größten Männer standen, wirkte das Gesamtbild einer aufmarschierten Truppe der Riesengarde um so imposanter. Die größten Grenadiere wurden auch nach der Vereinigung mit dem alten Regiment zu Fuß Nr. 6 stets im I. Bataillon - dem Leibbataillon - versammelt. Ab etwa 1730 zeigt sich ein deutlicher Rückgang der Durchschnittsgrößen im Königsregiment, während die mehr als 6 Fuß großen Rekruten zunehmend bei den Unrangierten standen. Nach dem Tod des Soldatenkönigs 1740 reduzierte sich die Größe der Leute weiter. 1752 legte Friedrich II. die Mindestgröße der von den Feldregimentern zur Garde abzugebenden Leute auf 5 Fuß 9 Zoll fest[7].

Die Schwierigkeiten bei der nachträglichen Ermittlung von exakten Körpergrößen ergeben sich dadurch, daß der *Fuß* als verwendete Maßeinheit nicht genormt war: Als Längen- bzw. Größenmaß rechnete man in Preußen nach dem *Rheinländischen Fuß* zu 12 Zoll (= 31,385 cm). Das Maß konnte jedoch leicht variieren und zuweilen wurde der Fuß auch mit 10 anstelle von 12 Zoll vorgegeben.

Die Größe des Soldaten wurde ohne Schuhe, aufrecht an einer Meßlatte stehend, ermittelt. In der obenstehenden Größenvergleichs-Grafik werden die tatsächliche Riesengröße der Langen Kerls sowie auch die enorme Länge des für den normalgewachsenen Infanteristen schwer zu handhabenden Gewehrs M 1723 sehr deutlich. Es gibt keine Hinweise darauf, daß die Langen Kerls entsprechend ihrer überdimensionierten Größe mit eigens angefertigten größeren Ausrüstungsstücken wie Patronentaschen oder Waffen ausgestattet waren. Ganz offensichtlich hatten die Ausrüstungsstücke die bei der Infanterie allgemein reglementsmäßigen Abmessungen - so wirken z.B. auch die Säbelgriffe in den Grenadierportraits von Merck im Vergleich zu den dargestellten Händen sehr klein.

REGIMENT UND BATAILLON

1710 bestand die Truppe aus einem Bataillon zu 4 Kompanien. Nach der im Jahr 1717 erfolgten Vereinigung zum Königsregiment Nr. 6. gehörten die Langen Kerls neben Infanterie-Regiment zu Fuß Nr. 3 (seit 1718) und Nr. 15 (ab 1740) zu den Ausnahmeregimentern mit drei anstelle der für die Feld-Infanterie sonst reglementsmäßigen zwei Bataillonen. Die etatsmäßige Stärke jedes der 3 Bataillone überstieg diejenige von Bataillonen der Linien-Infanterie. Dabei war wiederum die Leibkompanie zahlenmäßig stärker als alle anderen Kompanien im Bataillon. Ab der Regierungszeit Friedrichs II. bis zum Ende ihrer Existenz 1806 umfaßte die Truppe der Langen Kerls dann lediglich noch ein einziges Bataillon.

Die Rekonstruierung der Stärkeverhältnisse stützt sich auf zwei verschiedene Arten von Listen: *Die Generallisten* und die *Rangierrollen* des Regiments. Die Rangierrolle enthält die Namen aller Regimentsangehörigen gegliedert nach Kompaniezugehörigkeit, Stellung im Glied und Dienstgrad. Die Generalliste enthält die dem Generaladjutanten für gewöhnlich quartalsweise übermittelten Angaben mit den Bestandszahlen an einzelnen Dienstgraden, Krankenstand, Beurlaubungen, Abkommandierungen und Abgänge durch Tod oder Desertion sowie Neuanwerbungen. Nach den überkommenen Generallisten zwischen April 1718 und Mai 1740[1] hatte das Regiment stets die gleichbleibende Stärke von 60 Offizieren, 165 Unteroffizieren, 53 Tambours und Pfeifern und 2 160 Grenadieren. Die Gesamtstärke ist stets mit 2 438 Mann angegeben. Jany vermutet, daß der Generaladjutant während dieses gesamten

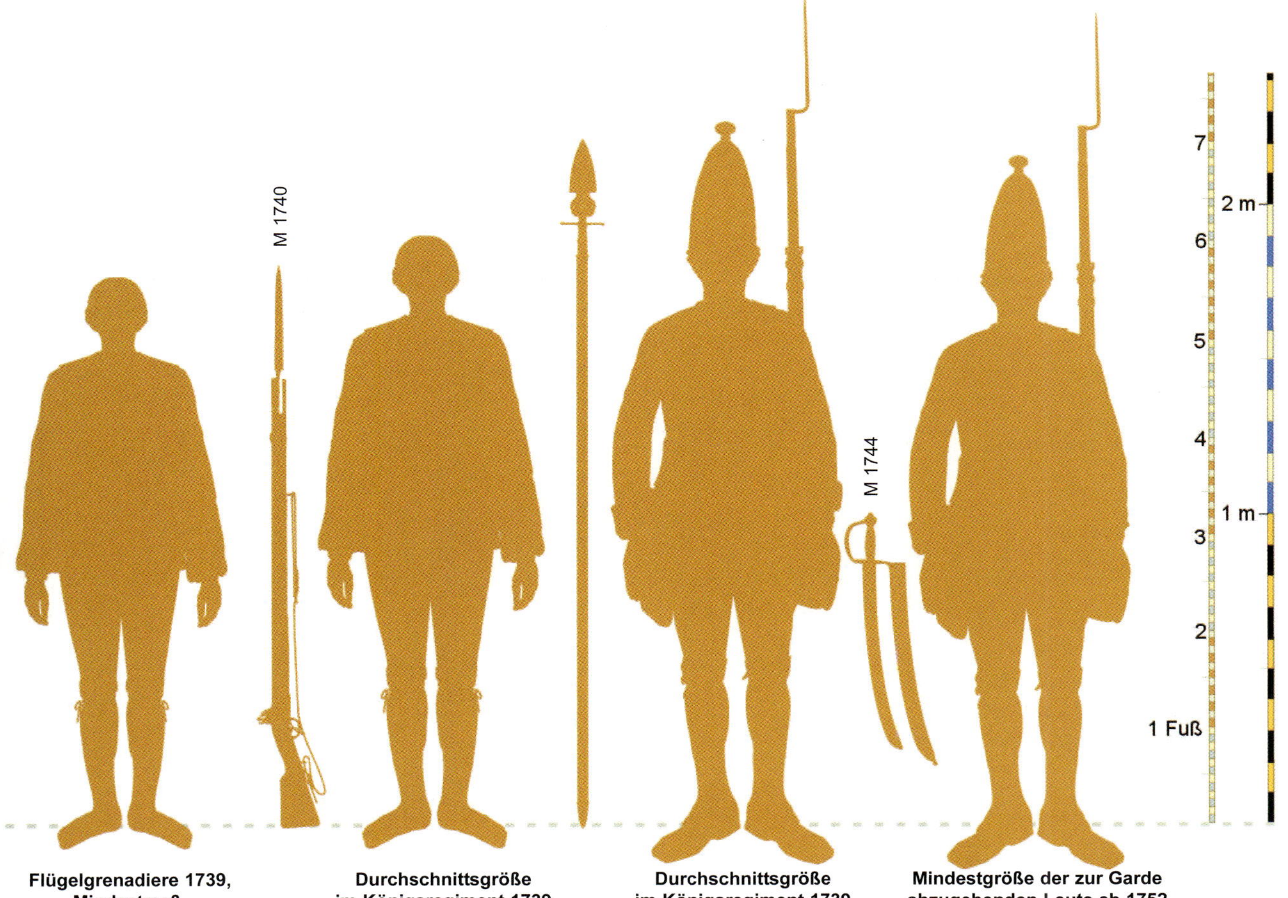

Flügelgrenadiere 1739, Mindestmaß
5 Fuß 5 Zoll bis 5 Fuß 7 Zoll

Durchschnittsgröße im Königsregiment 1739
6 Fuß bis 6 Fuß 6 Zoll

Durchschnittsgröße im Königsregiment 1739
zum Vergleich in Montur

Mindestgröße der zur Garde abzugebenden Leute ab 1752
5 Fuß 9 Zoll

Zeitraumes keine aktuellen Angaben vom Regiment erhielt und deshalb jedes Mal die Stärkeangaben aus der letzten vorliegenden Liste einfach in die neu zu erstellende übernahm. Die Angaben, die die Liste für das II. und III. Bataillon enthält, entsprechen dem Stand von 1716, da ab diesem Zeitpunkt von Nr. 6 keine Quartalsrollen mehr eingereicht worden sind. Die Inhalte der Rangierrollen 1723/24, 1726, 1734 und 1739 sind dokumentiert[1,6]. Danach ist von 1717 bis 1740 eine stetige Vergrößerung des Regiments zu verzeichnen.

1723/24 umfaßte die Truppe mit allen Dienstgraden komplett 2 766 Mann - 2 773 Köpfe mit Stab[6] - eingeschlossen alle Einrangierten, Unrangierten und *Überkompletten*. (Überkomplette = die von den Kompanien als Ersatz für unerwartete z. B. krankheits- oder desertionsbedingte Abgänge in Reserve zu haltenden Männer). 1734 betrug die Stärke 3 044 Mann[6], 1731/32 zusammen 2 977 Mann. 1739 ist das Regiment nach der 1735 erfolgten Aufstockung um jeweils 30 Flügelgrenadiere pro Kompanie 3 669 Mann stark!

Die Unrangierten waren in Wirklichkeit stärker als der Verpflegungsetat besagte, und in 6 Korps eingeteilt[6]. Es veränderten sich die Zahlen bei den Stabs- und Kompanie-Offizieren, den Unteroffizieren sowie bei Spiel- und Zimmerleuten nur unbedeutend während dagegen die Zahl der Unrangierten wuchs. Das I. Bataillon war wegen der zahlenmäßig größeren Leibkompanie und des dort angesiedelten Regiments-Unterstabes immer etwas stärker als die Bataillone II und III. Nach dem Etat für 1723/24 und den Rangierrollen von 1726 ab hatte das I. Bataillon 800, das II. und III. je 715 Gemeine. Kloosterhuis[1] gibt für 1739 eine Stärke von fast 3 700 Mann mit allen Dienstgraden inklusive der Unrangierten - die schon allein etwa Bataillonsstärke hatten - und Funktionspersonal wie Offiziersknechten und Lazarett-Aufwärtern an. Zum Zeitpunkt seiner bevorstehenden Zusammenschmelzung auf Bataillonsgröße 1740 hatte das Königsregiment eine Gesamtstärke von 3 200 Mann in zusammen 15 Kompanien in 3 Bataillonen. Das dann neu formierte *Bataillon Grenadier-Garde* umfaßte bis zu seiner endgültigen Auflösung 1806 meist etwa zwischen 800 und 900 Mann aller Dienstgrade.

Bei der Neuorganisation der Armee 1787 wurde die bisherige Stärke von fünf Kompanien und einer Grenadier-Flügelkompanie beibehalten. Zur Mobilmachung 1740 wurde von Friedrich II. mit Ordre vom 15. November die Zahl der Überkompletten verdoppelt. Die erhöhten Zahlen blieben dann auch im Reglement 1743 und für 1750 weiter bestehen. Beim Ausmarsch 1756 zog das Grenadier-Garde-Bataillon wie die drei Bataillone der Garde ohne die für den Mobilmachungsfall vorgeschriebenen doppelten Überkompletten aus[7]. Unter Friedrich II. hatten alle 4 Garde-Bataillone jeweils fünf Kompanien sowie eine 1 Flügel-Grenadier-Kompanie.

1775 erfolgte die Verstärkung der Flügelgrenadierkompanien um 24 Gemeine. 1787 blieben die Langen Kerls auf dem bisherigen Fuße zu 6 Kompanien - fünf Kompanien große Grenadiere und einer Flügelgrenadierkompanie. Mit Ordre vom 1.1. 1794 wurde die Stärke wieder vermindert. Alle Kompanien hatten nun 10 Unteroffiziere, 3 Tambours, 122 Gemeine einschließlich 10 Überkomplette, die beim I. Battailon Garde im Etat standen. Es gingen ein: die 1775 erfolgte Verstärkung der Flügelgrenadierkompanien um 24 Gemeine, die Zimmerleute - an deren Stellen schon 1790 wirkliche Artilleristen bei der Garde die Bataillons-Kanonen bedienten - alle über obengenannte Stärke hinausgehenden Gemeinen und Unteroffiziere sowie Tambours und Überkomplette. Stärke des Grenadier-Garde-Bataillons Nr. 6 bis 1806 nach dem Etat: 787 Kombattanten und 11 Köpfe Unterstab[8]. 1797 zum Zeitpunkt des Todes Friedrich Wilhelms III. hatte das Bataillon tatsächlich 847 Kombattanten und 11 Nichtkombattanten (Unterstab, Chirurgen)[8].

ROTES GRENADIER-BATAILLON 1711-13 / KÖNIGSREGIMENT 1717-39 / GRENADIER-GARDE-BATAILLON 1740-1806. Personalstärken ohne Unrangierte

1739 Verpflegungsetat[1]. M = Mobilmachungszahlen nach Ordre v. 15. Nov. 1740[7]. 1788-96 keine Zimmerleute, stattdessen "wirkliche Artilleristen". 14.10. 1806 vor der Schlacht von Jena und Auerstedt[45]. R = nach Reglement der Infanterie.

	1711[28]	1712[28,9]	1713[1,7]	1739[1]	1740[7]	1743[41] R	1750[7] R	1763[8,58]	1792 bis 1806[8]	1806[45]
Oberst			1	3						
Obristlieutnant				2						
Major			1	3						
Adjutant				3						
"Unterstab"									11	
Regiments-Quartiermeister				1	1	1	1			
Feldprediger				1	1	1	1			
Auditeur				1	1	1	1			
Regiments-Feldscher				3	1	1	1			
Kompanie-Feldscher				5	6	6	6	6		
Hoboist				21	3	3	3		6	
Regiments-Tambour				1	1	1	1		1	
Vorschläger (Bataillons-Tambour)				2						
Büchsenmacher, Büchsenschäfter				zus. 6	je 1	je 1	je 1			
Steckenknecht (Profos)				3	1	1	1			
"Oberoffiziere" ohne Differenzierung					25	25	25	25	28	25
Stabs-Capitain										
Premier-Capitain			2	21						
Capitain										
Seconde-Capitain			3							
Premier-Lieutenant			3	12						
Lieutenant										
Seconde-Lieutenant			2	55						
Fähnrich			5							
Sergeant				66						
Gefreiterkorporal					5	5	5			
Fourier										
Feldfourier										
Capitain d´Armes										
Korporal				126						
Landpassad	4									
Nur allgemeine Angabe "Unteroffiziere"	55	49	55		58	58	58		60	
Pfeifer		7		15	4	3	3		2	
Überkompletter Pfeifer										
Tambour	26	21	29	65	19	18	18		18	
Überkompletter Tambour										
"Spielleute und Hoboisten"								27		
Zimmermann				18	6	6	6			
Überkompletter Zimmermann										
Großer Grenadier				2020	570	570	570		550	
Überkompletter Großer Grenadier	542	564	640		40	40	40	610	60	
Fourierschütze										
"Flügelgrenadier einschl.Zimmerleute"								137		
Flügelgrenadier				288	98	120	120		122	
Überkompletter Flügelgrenadier					10	10	10			
Mannschaften ohne det. Angaben										754
Offiziersknecht				31 (l.)						
Lazarett-Sergeant				4						
Lazarett-Aufwärter				22						
Lazarett-Koch oder Köchin				1						

KÖNIGSREGIMENT BATAILLONSSTÄRKEN

Personalstärken nach den Rangierrollen, ohne Unrangierte[1]

1726 jedes Bataillon zu 5 Kompanien, einschließlich Zimmerleute und Flügelgrenadiere.

1734,1739 jedes Bataillon zu 5 Kompanien plus 1 Flügelgrenadierkompanie. Angegeben sind die Gesamtbataillonsstärken.

	Mai 1726			Mai 1734			Mai 1739		
Angaben für Regiments-(Unter)stab nach Verpflegunsetat ca. 1739[1]	I.Btl	II.Btl	III.Btl	I.Btl	II.Btl	III.Btl	I.Btl	II.Btl	III.Btl
Oberst			1	2		1	1	1	1
Oberstlieutnant	1	1	1		1		2		
Major	1	1	1	1	1	1	1	1	1
Regiments-Feldscher	beim Regimentsunterstab, ca. 1739 je 1 pro Bataillon								
Kompanie-Feldscher	beim Regimentsunterstab, ca. 1739 je 1 pro Kompanie (außer Flügelgrenadiere)								
Hoboist	beim Regimentsstab, ca. 1739 je 7 pro Batl.						7		
Steckenknecht (Profoss)	beim Regimentsunterstab, ca. 1739 je 1 pro Bataillon								
Premier-Capitain	1				1	1	1		
Capitain	4	3	2	6	4	6	4	6	4
Seconde-Capitain	1	1	3		2	2	2	1	2
Premier-Lieutenant	1	3	4	3	3	2	1	1	3
Lieutenant		5					13	10	5
Sous-Lieutenant					1				
Seconde-Lieutenant	10	7	6	13	7	12	1	1	6
Fähnrich	6	3	6	5	8	5	7	8	7
Sergeant	22	20	19	20	22	18	26	20	22
Gefreiterkorporal	5	5	5	5	5	5	5	5	5
Fourier	1	5	4	4	5	1	4	5	5
Capitain d´Armes	3	4	5	5	4		4	5	4
Korporal	20	21	18	15	24	35	26	20	29
“Unteroffizier” ohne weitere Differenzierung								9	
Regiments-Tambour (Regiments-Stab)	1			1	1	1	2		
Bataillons-Tambour (Regiments-Stab)								1	
Pfeifer	5	5	5	5	5	5	5	5	5
Tambour	20	20	24	25	20	18	24	20	21
Überkompletter Tambour	5					1	1		
Feldfourier									1
Zimmermann	5	5	5	5	5	5	6	6	6
Überkompletter Zimmermann	5	5	5						
Große Grenadiere und Flügelgrenadiere Bei II. u. III. Btl. inkl. Überkomplette	759	705	705						
Fourierschütze						8			
Große Grenadiere				730	645	640	729	644	645
Überkomplette Große Grenadiere	31								
Flügelgrenadier				78	78	78	78	90	90
Überkompletter Flügelgrenadier				6	6	6	6	6	6

KOMPANIESTÄRKEN 1714-1740

(ohne Unrangierte)

RR = nach Rangrolle, R=Reglement. Reglements-Angaben (R) beziehen sich auf die Stärke der Feldregimenter, die tatsächliche Kompaniestärke bei den Langen Kerls kann differieren.

Kompanien pro Bataillon: 1710: 4 1714: 5 inkl. je 12 Flügelgrenadiere und 1 Flügelgrenadier-Zimmermann. ab Rangierrolle1734 bis 1806: 5 + 1 Flügelgrenadierkompanie.	Musketier-Kp. R		Leibkompanie RR[1]			Normalkompanien RR[1]			Flügelgren.-Kompanien RR[1]		(R[41]) Spalte li. = Musketierkp. Spalte re. = Flügelgrenkp.	
	März 1714[6]	Aug. 1718[6]	1. Mai 1726	8. Mai 1734	16.Mai 1739	1. Mai 1726	8. Mai 1734	16.Mai 1739	8. Mai 1734	16.Mai 1739	1743 Musk	1743 FlGr
Kompanie / Bataillon:	Musk.	Musk.	1./ I	1./ I	1./ I	7. / II	7. / II	7. / II	Fl./III.	Fl./III.	Musk.	Flüg.
Oberst				1	1							
Oberstleutnant					1	1						
Major								1				
Kompanie-Feldscher, *Unterstab*	1	1									1	1
Hoboist je 7 pro Bataillon, *Unterstab*					7							
Premier-Capitain			1		1							
Capitain	1	1	1	1			1		1	1		
Seconde-Capitain												
Premier-Lieutenant	1	1	1		1	1	1	1				
Leutnant										3		
Seconde-Lieutenant	1	1	1	4		2	1	1	2			
Fähnrich	1	1	1			1	2	2				
"Ober-Offiziere" *ohne Einzelangaben*											4	4
"Unteroffiziere" *ohne Einzelangaben*											10	9
Sergeant	4	4	4	3	5	4	3	4	2	2		
Gefreiterkorporal	1	1	1	1	1	1	1	1				
Fourier	1	1	1	1	1	1	1	1				
Capitain d´Armes	1	1	1	1	1		1	1				
Korporal	4	4	4	5	4	5	5	4	4	7		
Regimentstambour				1	1							
Pfeifer *(1716 pro Regt. 6)*			1	1	1				2	2		2
Tambour	3	3	4	5	4	4	3	3	2	3	3	3
Überkompletter Tambour			1		1							
Zimmermann	1	1	1			1			5	6		6
Überkompletter Zimmermann			1			1						
Grenadiere (Große,Flüg.-,Überkmpl.)						141						
Große Grenadiere *(bei Angaben nach Reglement "Musketiere")*	107	108	140	158			129	129			114	
Überkompletter Großer Grenadier		5	18									
Flügelgrenadier *(bei Angaben nach Reglement "Grenadiere")*	12	12	12						78	90		120
Überkompletter Flügelgrenadier									5	6		

KORPS DER UNRANGIERTEN

Bereits zum Roten Leibbataillon Grenadier gehörte 1712 eine Schar *Un(ein)rangierter*[15], also noch nicht in die Kompanien einrangierter Rekruten. Beim Königsregiment waren diese als *Unrangierte* bezeichneten Leute dem I. Bataillon angegliedert. Ihre zunächst eher kleine Abteilung wuchs zusehends.

"Die Unrangierten waren in Wirklichkeit stärker als der Verpflegungsetat besagte, und in sechs Korps eingeteilt, die 1740 zusammen drei Offiziere, 60 Unteroffiziere, 18 Spielleute, 959 Gemeine und zwei Feldschers, zusammen 1050 (sic!) Köpfe zählten"[6].

Ab 1740 hielten die Langen Kerls keine eigenen Unrangierten mehr vor, sie bezogen ihren Rekrutennachwuchs zusammen mit den Bataillonen von Leibgarde Nr. 15 aus dem Unrangierten-Korps der Garde.

Die Unrangierten trugen eine eigene Uniform, die an der der Truppe orientiert war, dessen Ersatz sie bildete. Der Gesamteindruck war jedoch schlichter.

Korps der Unrangierten, Aufgliederung 1740[6]: Angegeben ist jeweils die Zahl der Großen Grenadiere.	
1. Korps oder Große Unrangierte	177
2. Unrangierte oder Mittelunrangierte	117
3. Unrangierte oder Große Blaukittel	112
4. Unrangierte oder Zweite Blaukittel	112
5. Korps Blaukittel und Flügelgrenadiers	215
6. Korps Blaukittel 200 Mann und Ganz kleine Blaukittel	226

<table>
<tr><th>Verpflegungsetat</th><th>1722/23[6]</th><th>1723/24[6]</th><th>1731/32[6]</th><th>1736[28]</th><th>ca. 1739[6]</th><th>1739/40[6]</th></tr>
<tr><td>Offizier</td><td></td><td></td><td>3</td><td></td><td>3</td><td>3</td></tr>
<tr><td>Feldwebel</td><td>1</td><td>1</td><td></td><td rowspan="2">35</td><td></td><td></td></tr>
<tr><td>Unteroffizier</td><td>6</td><td>8</td><td>30</td><td>40</td><td>60</td></tr>
<tr><td>Tambour</td><td>4</td><td>6</td><td>8</td><td>11</td><td>8</td><td></td></tr>
<tr><td>Pfeifer</td><td></td><td></td><td></td><td>18</td><td></td><td></td></tr>
<tr><td>Spielleute</td><td></td><td></td><td></td><td></td><td></td><td>18</td></tr>
<tr><td>Große Grenadiere</td><td>130</td><td>180</td><td>300</td><td>737</td><td>700</td><td>959</td></tr>
<tr><td>Feldschers</td><td></td><td></td><td></td><td></td><td></td><td>2</td></tr>
<tr><td>Mohren</td><td></td><td></td><td></td><td>7</td><td></td><td></td></tr>
<tr><td>zusammen</td><td>141</td><td>195</td><td>341</td><td>808</td><td>751</td><td>1042</td></tr>
</table>

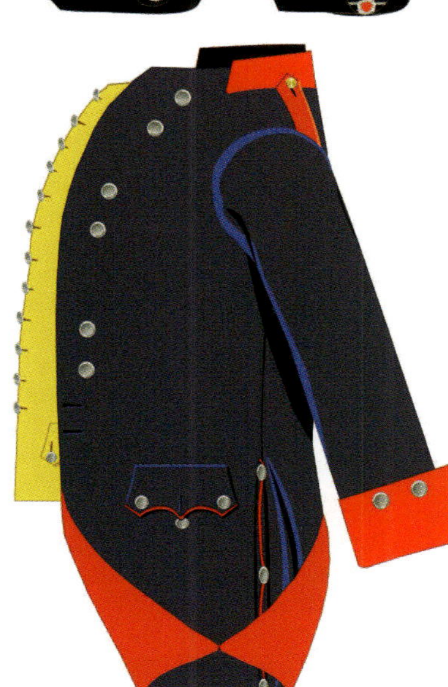

Die Blaukittel, die in Röcke ohne Metallverzierungen (also wohl ohne Metallbortenbesatz) gekleidet waren, bildeten wiederum den Ersatz für die Unrangierten. Sie trugen keine Säbel[6].

Abb. links: Gemeiner und Unteroffizier aus dem *Korps der Unrangierten der Garde* 1797[19]. **Abb. oben:** Gemeiner der Unrangierten der Garde unter Friedrich II.[15]. Der Rock mit den gelben Unterkleidern ist an der Uniform der Garde Nr. 15 orientiert, hat jedoch keinerlei Tressenbesatz.

GRENADIERMÜTZEN UND HÜTE

Grenadiermütze des Roten Leibbataillons

Abbildungen 1-1c. Das versteifte Vorderschild der Stoffmütze, bei der es sich um die erste bekannte Mützenvariante der Langen Kerls handelt, ist durch die Grenadiergemälde des Künstlers Johann Christof Merck in der Vorderansicht detailliert belegt. Das dominierende Motiv ist der silbern gestickte Stern des Schwarzen Adler Ordens. **Abb. 1a** zeigt die frühe Form des Mützensackes 1713[3]. Als Vorlage für die Darstellung der Mützenrückseite und des Mützensackes diente Knötel die etwa halbmetergroße bemalte Holzfigur eines Grenadiers des Roten Leibbataillons in der ehemaligen Zeughaussammlung. Der Mützenpuschel ist orangefarben und dokumentiert wie das Zentrumsfeld des Ordenssterns die Verbindung zur Großmutter des Königs, Henriette von Oranien. Als dieses Mützenmodell durch das neue Muster 1729 ersetzt wurde, erhielt das Dragoner-Regiment Nr. 3 die alten Kopfbedeckungen, die Mütze ist dort noch für 1737 belegt[10,11].

Grenadiermützen mit Vollblechbeschlag ab 1729

Abbildungen 2-4. Eingeführt 1729. Die Dessauer Spezifikation von 1729[10] bezeichnet den Mützenpuschel als weiß mit roter Füllung. Der schmale Tressenbesatz am Mützensack war bei Nr. 6 stets golden. Der Sack wurde mittels vier Fischbeinschienen hochgesteift[24]. **Abb. 2**[24]***:*** Höhe 30 cm. Das Blech ist mit Rokoko-Elementen reich verziert. Im Gegensatz zu den beiden anderen Modellen ist die Ausführung der Ornamentik feiner und detaillierter gearbeitet. Monogramm FWR. Dies scheint das ältere Muster zu sein. **Abb. 3**[5]: Das Blechschild ist eine etwas einfacher gestaltete Variante, das Monogramm verweist auf die Entstehungszeit Friedrich Wilhelms I., Höhe 30,5 cm. Aufschrift auf dem rückseitigen Blechkranz: KONIGS (sic!) REGIMENT. Blechkranz aus 3 Stücken, 12,3 cm hoch. Das Original befindet sich im Armee Royal de l´Ármee in Brüssel. Bleckwenn[15] zeigt das Dekor für 1753-86, es wurde nach einem SW-Foto einer alten Zeughaus-Realie gezeichnet. Eine Variante mit der Beschriftung "Königs Regiment" auf beiden Seiten an der Unterkante des Kranzes wird von Lehmann[42] für "von Retzow" erwähnt. **Abbildung 4**[47]: Das Mützenschild zeigt eindeutig das Dekor von Nr. 6, jedoch in einer einfacher ornamentierten Version des Frontblechs von Mütze Nr. 2, auch zeigt der rückseitige Blechkranz keine Aufschrift mehr. Monogramm Friedrichs II. Der Stern des Adlerordens hat weniger Strahlen als die Modelle 1 und 2. Höhe Blechschild 24 cm, Breite 21 cm, Gewicht ca. 600g. Es fehlt das untere Kantenband mit dem Schriftzug "Königsregiment". Es handelt sich um eine zu den Charlottenburger Garnison-Grenadieren (1. Stehendes Grenadier-Bataillon)[15] gehörenden Mütze, vermutlich eine Neuanfertigung zumindest des Vorderblechs. 1742 wurden die verstreut stehenden Garnisontruppen organisatorisch zu einem Regiment zusammengefaßt, das nach der bestehenden Regel auch 2 Grenadier-Kompanien aufstellte - die sogenannten "Charlottenburger". Diese waren mit alten Beständen der Riesengarde Nr. 6 ausgerüstet.

Die Blechteile der Mützen wurden für die Langen Kerls - wohl seit 1736 - aus Tombak angefertigt, einer rotgelben, golden wirkenden Legierung aus Kupfer und Zink. Tombak war jedoch empfindlich und weicher als Messing. Eine Abrechnung von 1726 über die Ausrüstungskosten für einen geschenkten Langen Kerl[1] gibt für "Grenadiermützen-Blech" mehr als fünf Reichstaler an, obschon es sich offensichtlich noch um Messing handelte. Für den Dienst im Feld wurden die kostspieligen Tombakteile durch solche aus Messing ersetzt: "Die Grenadiermützen des Bataillons waren hinten roth, mit goldenen Borten, und einem tombachenen Schild, das zum Gebrauch während der Campagne von Messing geliefert wurde"[19].

Für September 1738 wird ein neues, nicht näher bezeichnetes Grenadiermützenmuster erwähnt[1]. Möglicherweise handelt es sich um die ersten Modelle mit Blechen aus Tombak, denn im März 1739 beschwert sich der König darüber, daß erst die Hälfte der versprochenen Tombaklieferung eingetroffen sei[1]. Die Grenadiermütze wurde mit dem unteren Rand auf Höhe der Augenbrauen getragen. 1787 wurden die Grenadiermützen mit Blechfront allgemein abgeschafft, einzig Nr. 6 behielt diese bei und trug sie vor 1798 auch noch im Feld, danach nur noch zu besonderen Anlässen[8]. Alle Angehörigen des I. Bataillons trugen 1736 Grenadiermützen, die des II. und III. Bataillons - ausgenommen die Flügelgrenadiere - einen Dreispitz.

Hüte

Im gewöhnlichen Dienst - also beim Exerzieren und auf Wache - wurden statt der teuren Grenadiermützen Hüte getragen - die Mützen nur bei besonderen Anlässen wie Revuen, Parade oder der sonntäglichen Kirchenparade. 1726 kostete der Hut 1 Reichstaler 16 Groschen[1]. Ein Befehl für die Flügel-Grenadierkompanie des III. Bataillons hinsichtlich eines Marsches nach Potsdam am 26. November 1736 ordnet an "nur die Hüthe" aufzuhaben[1]. Auch für das I. Bataillon, das durchweg Grenadiermützen trug, werden die Hüte für den kleinen Dienst erwähnt. Der Hut für die Mannschaften von Nr. 6 hatte während des gesamten Bestehens der Truppe eine Goldborte und Cordonschnüre aus Goldkordel mit goldenen Quasten. In der frühen Zeit trug man für gewöhnlich beide Quasten in der rechten Hutecke. Sowohl Hüte als auch die Grenadiermützen hatten hinten an der Innenseite ein kleines geflochtenes Band aus menschlichem Haar, das unter den Zopf geschoben werden sollte. Die an Hut und Mütze getragenen Puschel waren stets identisch. Friedrich Wilhelm II. führte 1787 einen neuen Huttyp mit flacher aufgeklappter Vorder- und Hinterkrempe ein, das *Kaskett (***Abb. 7***)* ohne Hutkordeln und Quasten, anstelle des Puschels einen weißen Federstutz. Offiziere trugen statt des Kasketts den Huttyp 6b, ab Anfang der 1790er den an der Vorderseite flacher werdenden Dreispitz (siehe Offiziere S. 41 Nr. 7 und 10 sowie S. 50 Nr. 1). 1796 wurde der Kaskett-Hut durch einen Dreispitz abgelöst, der eine ähnliche Form wie das Modell um 1760 hatte, nur war die Krempe des neuen Hutes insgesamt höher und mit Stutzschnüren versehen (Abb. S. 50). Goldborte wie am älteren Hut. Flügelgrenadiere bekamen 1798 für den normalen Dienst eine neue Mütze mit ledernem Vorderschild und wollener Raupeneinfassung (Abb. S. 50, 51).

OFFIZIERE: WAFFEN UND RANGZEICHEN

Degen[5,23].

Geführt wurden die beiden Standardmodelle M1713 und M1740 für die Offiziere der Infanterie, sie wurden vom Schwertfeger Schwanefelder in Potsdam bezogen. Der Degen mit vergoldetem Gefäß gehört neben Ringkragen und Portepee zu den Standesabzeichen des Offiziers. Im aktiven Dienst kam dem Degen jedoch keine wesentliche Bedeutung zu, da - außer wenn beritten - bei Wachaufzügen, bei Paraden und beim Exerzieren die Griffe mit dem Sponton ausgeführt wurden und der Degen in der Scheide verblieb. Neben den beiden abgebildeten offiziellen Degenmustern waren je nach Geldbeutel auch solche mit aufwendigen Verzierungen in Gebrauch. Das ältere Modell war auch in späteren Jahren noch zu sehen, da in Offiziersfamilien der Degen häufig vom Vater auf den Sohn weitervererbt wurde. Eingeätzte Mottos wie NON SOLI CEDIT oder PRO DEO ET PATRIA, unter Friedrich dem Großen PRO GLORIA ET PATRIA, konnten sich auf dem oberen Teil der Klinge befinden. Gesamtlänge des Degens M 1713-40 ca. 90-100 cm. Die Art, das Portepee zu binden war unter Friedrich Wilhelm I. und Friedrich II. etwas unterschiedlich. Abb. siehe S. 24.

Schärpe, Portepee, Ringkragen.

Das in den Hohenzollern- Farben silberne, schwarz durchwirkte Portepee wurde um Knaufhals, gesamten Griffbügel und unteren Griffring gewickelt. War die Schärpe ein Zeichen, daß

Grenadiermütze mit Vollblechschild und Blechkranz
Oben: Rückansicht 2a und Mützensack von 2b sind identisch für Variante 2 und 3.
Links: Kranz, identisch für Varianten 2 und 3 (***Abb. 1, 2***).

Der Hut

5a, 5b: Hut um 1710 bis etwa 1760. ***6a, 6b:*** Modell ab etwa 1760. Charakteristisch ist die kleinere, fast senkrecht stehende Vorderspitze. ***7:*** Kaskett 1787.

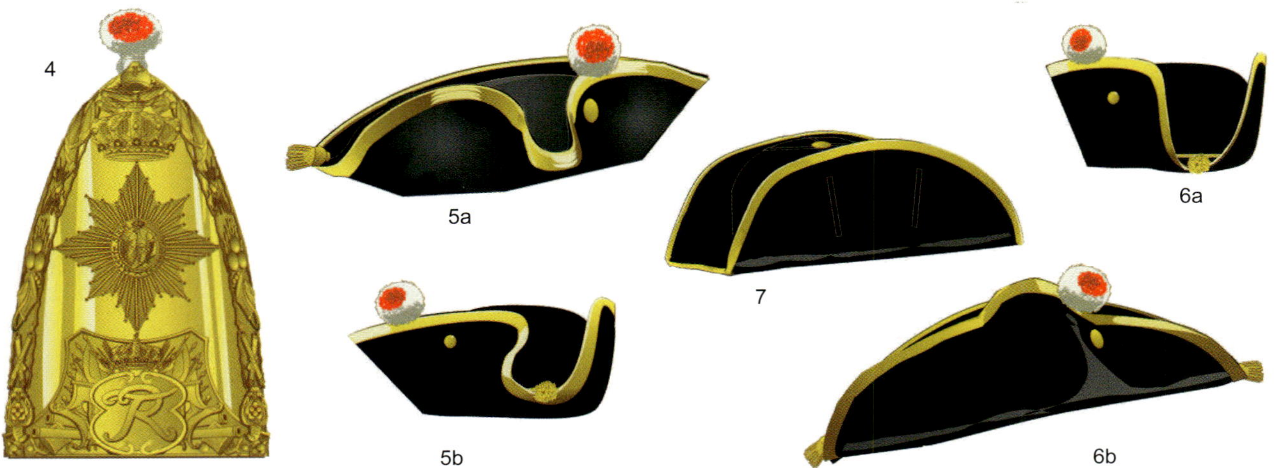

OFFIZIERE: WAFFEN UND RANGZEICHEN

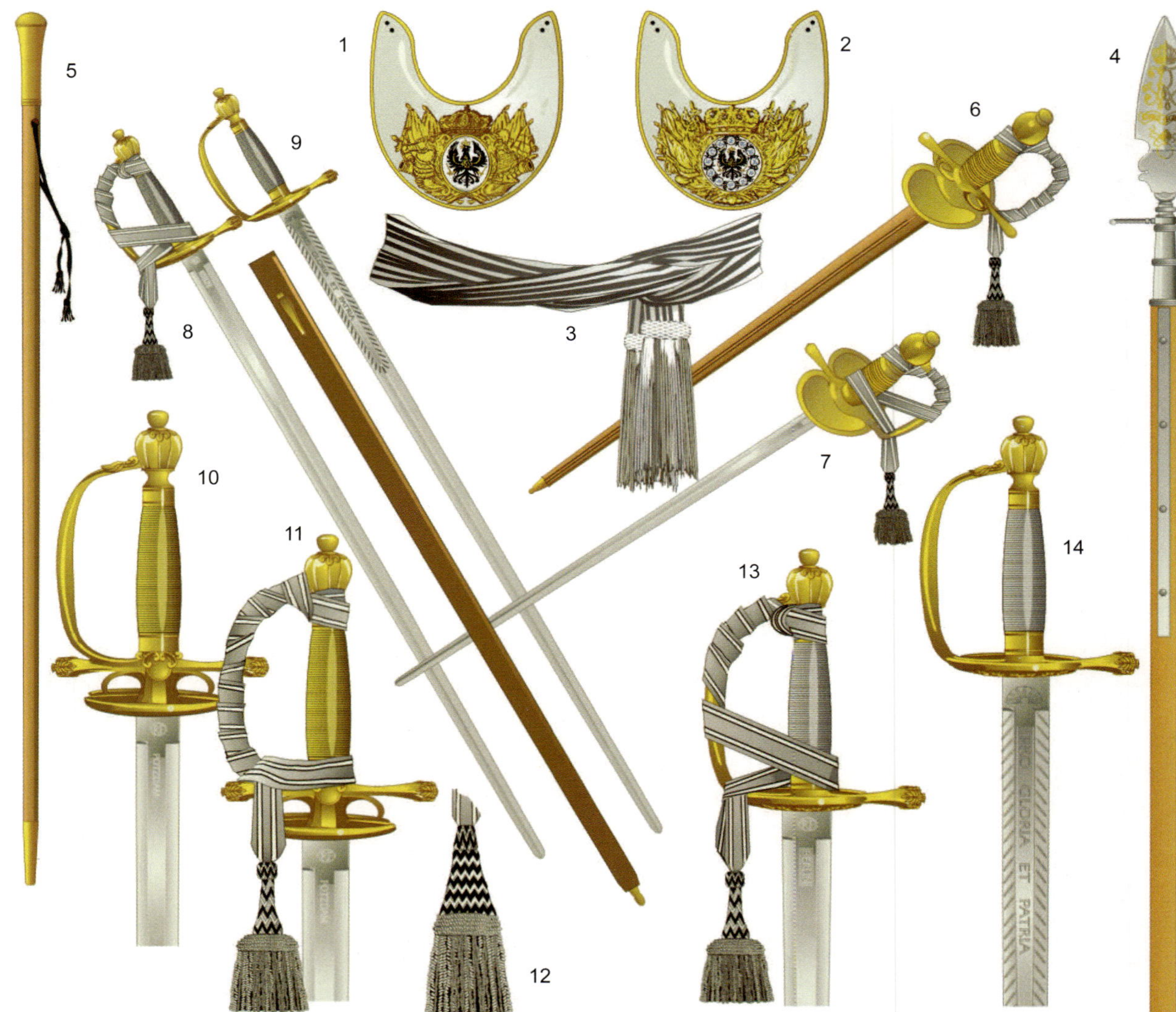

1: Ringkragen. Muster der Garde (1) 1701-1806[22]. **2:** Ringkragen Königsregiment[2] sowie Bataillon Grenadier-Garde1753-1786[6]. **3:** Feldbinde[13]. **4:** Sponton[23]. **5:** Stock aus spanischem Rohr. **6, 10, 11:** Degen für Infanterie-Offiziere Typ 1713-1740[5,13]. **7, 8, 9, 13, 14:** Degen für Infanterie-Offiziere Typ 1740[5,13]. **12:** Offiziersportepee zu Beginn der Regierungszeit Friedrich Wilhelms I.

der Offizier sich im Dienst befand, war das Portepee ein Standeszeichen wie der Degen selbst. Je nach Geldbeutel des Offiziers konnten auch Portepee und Schärpe mehr oder weniger üppig ausfallen. Der Ringkragen wurde angelegt, sobald der Offizier das Sponton führte, also wenn er eine Position in der Kompanie- oder Bataillonslinie einnahm[13].

Im Feldzug 1792 wurden die Ringkragen zwar noch mitgeführt, jedoch nur mehr bei besonderen Gelegenheiten getragen. 1806 blieben sie beim Ausmarsch gleich ganz zurück[13]. Unter Friedrich Wilhelm I. und Friedrich II. wurde der Ringkragen im Sommer bei geöffneter Weste auf dem Hemd getragen, im Winter auf dem geschlossenen Rock. Das Trageband war schwarz, auch weiß eingefaßt.

Sponton[13,23]

Das Sponton war beim Exerzieren - sofern der Offizier an der Aufstellung teilnahm, bei Paraden und im Wachdienst zu führen. Auch die höheren Stabsoffiziere und der Soldatenkönig selber trugen das Sponton sobald sie anläßlich der jährlichen Spezialrevue ihre Kompanien vorführten.

Rohrstock

Der Stock aus spanischem Rohr war nicht nur Symbol des Vorgesetzten - er wurde auch zum Schlagen der Gemeinen bei Unachtsamkeiten oder kleinen Disziplinarverstößen verwendet. Unteroffiziere strafte der Offizier durch “Fuchteln” mit der flachen Degenklinge, Schlagen mit dem Stock galt in diesem Falle als ehrverletzend. Der ständige Begleiter des Offiziers wurde beim Führen des Spontons in Reih und Glied nicht getragen.

Brustharnisch, Dienstgradabzeichen

Zeitgenössische Portraits zeigen Offiziere mit geschwärztem Brustharnisch unter dem geöffneten Rock. Der Brustharnisch gehörte zwar bei repräsentativen Anlässen noch zum Selbstverständnis des Offiziers von Adel als Ritter, wurde aber nicht mehr im Dienst angelegt. Auf der Regiments-Ebene gab es keine spezielle Kennzeichnung für den Dienstgrad eines Offiziers. Offiziere trugen stets Handschuhe, bis 1798 aus paillefarbenem und danach aus weißem Leder.

SÄBELTRODDELN

Das Reglement 1718 sieht kompanieweise unterschiedlich gefärbte "Büschel" an den Säbeltroddeln vor und ab 1726 ist für die Leibkompanie weiß als Troddelfarbe festgesetzt. Darüber hinaus enthalten die älteren Reglements vor 1802 keine genauen Farbangaben zu Kompanietroddeln[13] und jedes Regiment hatte ganz eigene Farbkombinationen.

Bis 1796 wurden die Troddeln in den Farben geführt, wie sie bei Errichtung der jeweiligen Regimenter bestanden hatten. Auch für Nr. 6 sind Aufzeichnungen zu den Kompaniefarben der Troddeln nicht bekannt. Merck zeigt in seinen lebensgroßen Portraits von Grenadieren der Leibkompanie lediglich die vorgeschriebenen weißen Troddeln.

Bei der 1802 erfolgten Einführung der regimenterübergreifend geregelten Kompaniefarben behielt Nr. 6 seine Troddeln in den althergebrachten Farben[13]. Nach Kling hatte das Grenadier-Garde-Bataillon Nr. 6 unter Friedrich II. rotjuchtene Troddelriemen, anhand zeitgenössischer Darstellungen lassen sie sich erst nach 1760 nachweisen.

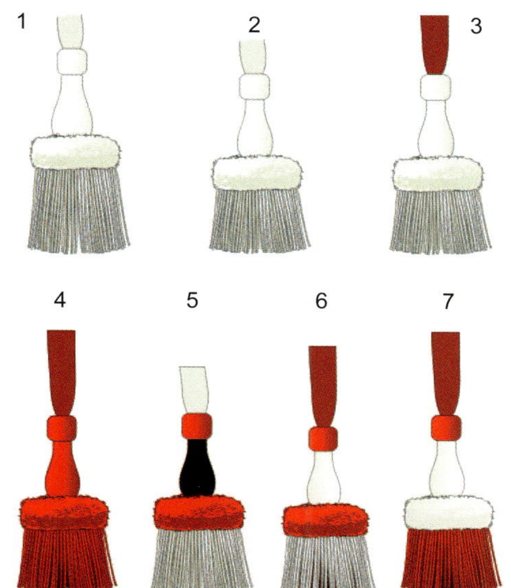

Leibkompanie

1: Leibkompanie nach Merck-Bildern 1714/30. Die Troddel war größer als in späterer Zeit.
2: Leibkompanie unter Friedrich II., weißer Riemen bis etwa 1760.
3: Leibkompanie, Riemen nach 1760. Die Grenadierfigur auf dem "Tableau der preuss. Armee um 1770"[22] (von Petzinger?) zeigt den ledernen Riemen schon. Menzel[4] zeigt ihn bei "Grenadier-Garde von Retzow", also für 1745-60, eine "zeitgen. Bilderhandschrift um 1760"[47] dagegen noch nicht.

Weitere Kompanien

4: Ramm[45] stellt in seinem Stich für 1798 einen Grenadier von Nr. 6 mit roter Troddel dar. Ramm war Leutnant und fertigte seine Zeichnungen mit ausdrücklicher Genehmigung des Königs nach zeitgenössischen Originalen anläßlich der Einführung neuer Uniformmuster der einzelnen Regimenter an[42]. Danach darf wohl davon ausgegangen werden, daß es sich hier um eine der authentischen alten Troddelfarbenkombinationen der Langen Kerls handelt.

Ob die rote Troddel ursprünglich zum Roten Bataillon Leibgrenadiere gehörte, bleibt dann allerdings offen. Ihre Herkunft könnte genauso auf eines der beiden vom alten Regiment Nr. 6 bei der Vereinigung 1717 in das Königsregiment übernommen Bataillone II und III zurückzuführen sein.

Auf jeden Fall wurde sie somit aber in einer der Kompanien des Grenadier-Garde-Bataillons geführt. Die Farbangabe wird in der Troddelreihe unten rechts für die 7. Kompanie bestätigt.

5: Menzel zeigt auf Tafel 44 "Gren.-Garde v. Retzow"[18], also 1745-1760, noch das weiße Band, dazu eine Troddel mit schwarzer Eichel. Dies wäre eine der von Menzel nach den bei Kling zitierten Darstellungen des Dr. Feyereisen (Zeitraum 1757-1778) übernommenen Farbkombinationen.

6: Bei Thümen für 1797. Die Farbzusammenstellung entspricht ebenfalls der Darstellung nach Feyereisen.

7. Rotjuchtener Riemen und weiß-rote Troddel an der Figur aus dem Tableau der preuss. Armee um 1770. Der Schieber scheint hier rot.

Neues Säbeltroddelmuster ("Säbelquäste") um 1734

In einer Zirkular-Kabinettsordre vom 7. Februar 1734[1] ordnet der König an, daß die für das Königsregiment neu angefertigten Säbeltroddeln den Regimentern zu Fuß Nr. 1, 8 und 19 zu deren neuen Uniformen geliefert werden sollen. Das Regiment Nr. 8 gehört nun zu den wenigen Regimentern, deren Säbeltroddelfarben - für 1783 - überliefert sind. Demzufolge ist rückzuschließen, daß die von Nr. 8 zu diesem Zeitpunkt dokumentierten Säbeltroddeln die gleichen sind, die auch im Königsregiment seit 1734 gebräuchlich waren. Die Farbenreihe von Nr. 8 beschränkt sich lediglich auf zwei Bataillone des Regiments - also 12 Kompanien. Eine fest durchnummerierte Reihenfolge der Kompanien gab es nicht, sie rangierten - abgesehen von der Leibkompanie, die stets die Nr. 1 blieb - jeweils in der Reihenfolge entsprechend des Dienstalters ihres Chefs. Leider fehlen bei den mehrfarbigen Troddeln die Angaben, welcher Teil davon jeweils die eine und welcher die andere Farbe trägt.

Abb. unten, Kompanietroddeln ab 1734

2. Kompanie Große Grenadiere Meergrün.
3. Kompanie Große Grenadiere Schwarz.
4. Kompanie Große Grenadiere Blau und Weiß.
5. Kompanie Große Grenadiere Rot und Gelb.
6. Kompanie Große Grenadiere Weiß und Rot.
7. Kompanie Große Grenadiere Rot.
8. Kompanie Große Grenadiere Blau.
9. Kompanie Große Grenadiere Dunkelgrün.
10. Kompanie Große Grenadiere Gelb.

1. Kompanie Flügelgrenadiere Grün und Rot.
2. Kompanie Flügelgrenadiere Blau und Gelb.

SPONTONS UND KURZGEWEHRE

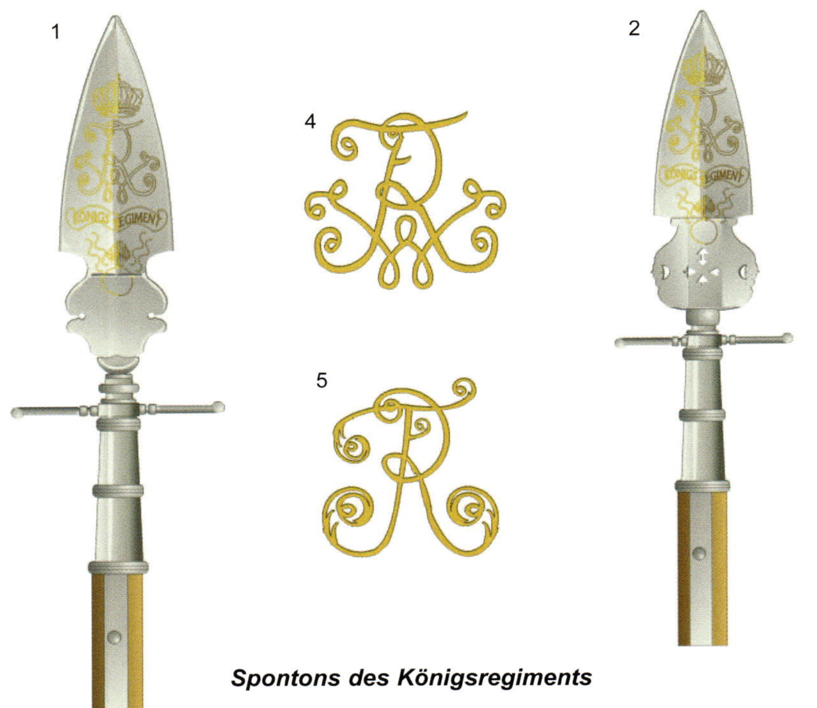

Spontons des Königsregiments

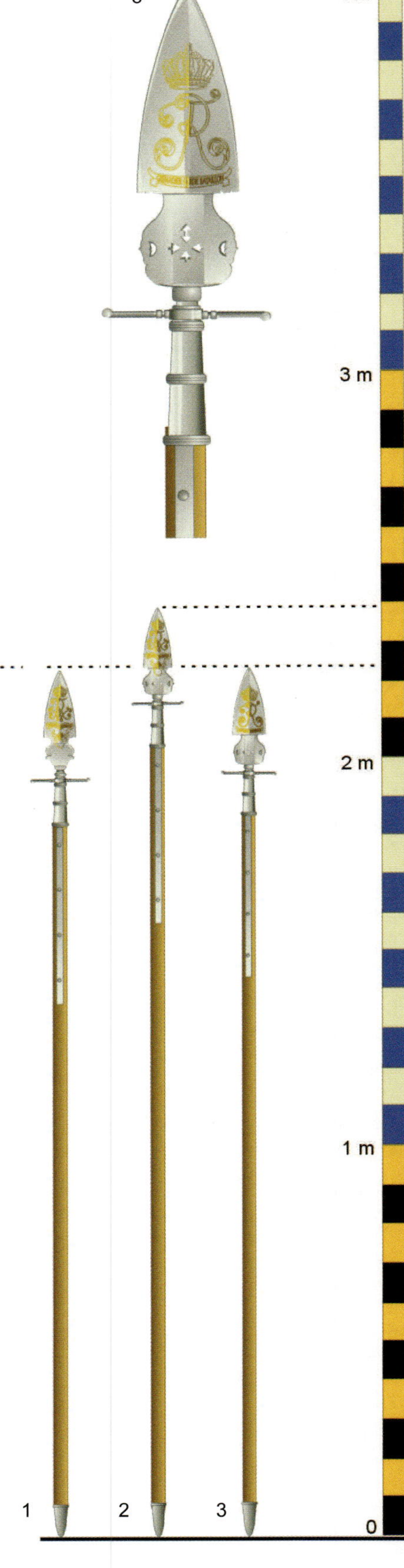

1: Variante aus der Regierungszeit Friedrich Wilhelms I. vor 1723[23]. Die Granate kam bei den ab 1723 in Potsdam-Spandau gefertigten Klingen nicht mehr vor. Dieser Klingentyp ist auch gut zu erkennen in dem auf 1724 datierten Pesne-Gemälde "Kronprinz Friedrich führt das Corps des Cadets vor"[22]. **2**: Königs-Regiment. Variante ausgegeben unter Friedrich Wilhelm I. aus der Fertigung in Potsdam-Spandau ab 1723[23]. Bei neu ausgegebenen Mustern ab 1740 mit der Chiffre FR. Spontons mit FWR-Emblem wurden auch während des ersten Schlesischen Krieges noch weitergeführt. **3**: Muster ab 1723 mit Chiffre F II. Nach Foto eines Spontons vom I. Bataillon Garde Nr. 15 aus dem Zeitraum 1740-86[23]

Chiffren

5 Friedrich Wilhelms I - Fridericus Wilhelmus Rex. (FWR)
6 Friedrichs II., Fridericus Rex (FR).

In den Klingen waren das königliche Emblem sowie die Bezeichnung des Regiments eingeätzt und vergoldet. Hinsichtlich Größe und Form der Klinge zeigen die erhaltenen Stücke kleine Unterschiede. Die Spontonklingenform mit den beiden kreisförmigen Durchbrüchen stammen noch aus der Zeit Friedrichs I. und wurden 1713 übernommen, jedoch die Monogramme geändert[23]. Die Fußtülle war aus Eisen oder Messing. Der Anstrich glich dem der Gewehrschäfte, Unteroffizierkurzgewehre und Fahnenstangen. Bei den Langen Kerls war die Anstrichfarbe hellbraun, spätestens wohl zur Zeit des Siebenjährigen Krieges waren die Stangen dann ockergelb[23]. Seit der Fertigung der Spontons in Potsdam-Spandau zeigt sich eine normierte Klingenform und -Größe sowie Aufschrift auch für die Garde, die kleine Granate entfällt nun[23].

Das Gewicht der Spontons betrug ca. 1,5 kg. Regimentschef und Stabsoffiziere trugen das Sponton nur, wenn sie während der jährlichen Spezialrevue dem König ihre Kompanie vorführten. Das Reglement schrieb eine ganze Reihe von Griffen vor, die der Offizier zu absolvieren hatte. Diese reichten vom Gruß bis zum Schultern und Präsentieren, passend dazu wie die Gemeinen ihre Gewehre handhabten. So hatte der Offizier auch das Sponton an die Schulter hochzunehmen wenn die Mannschaften das Gewehr schulterten. Die Spontons waren deshalb vor allem bei den jüngeren Offizieren unbeliebt und während des Siebenjährigen Krieges gingen viele verloren. Ein Befehl des Königs aus dem Winter 1761/62 bestimmte, diese wieder zu ersetzen.

Seit 1789 wurden Spontons im Feld nicht mehr geführt, ab 1801 nur noch bei Paraden, Kirchenparade, Wachdienst und Garnisonsdienst, im Felde wurde mit gezogenem Degen kommandiert. 1790 und 1792 sowie1806/07 wurden keine mitgeführt.

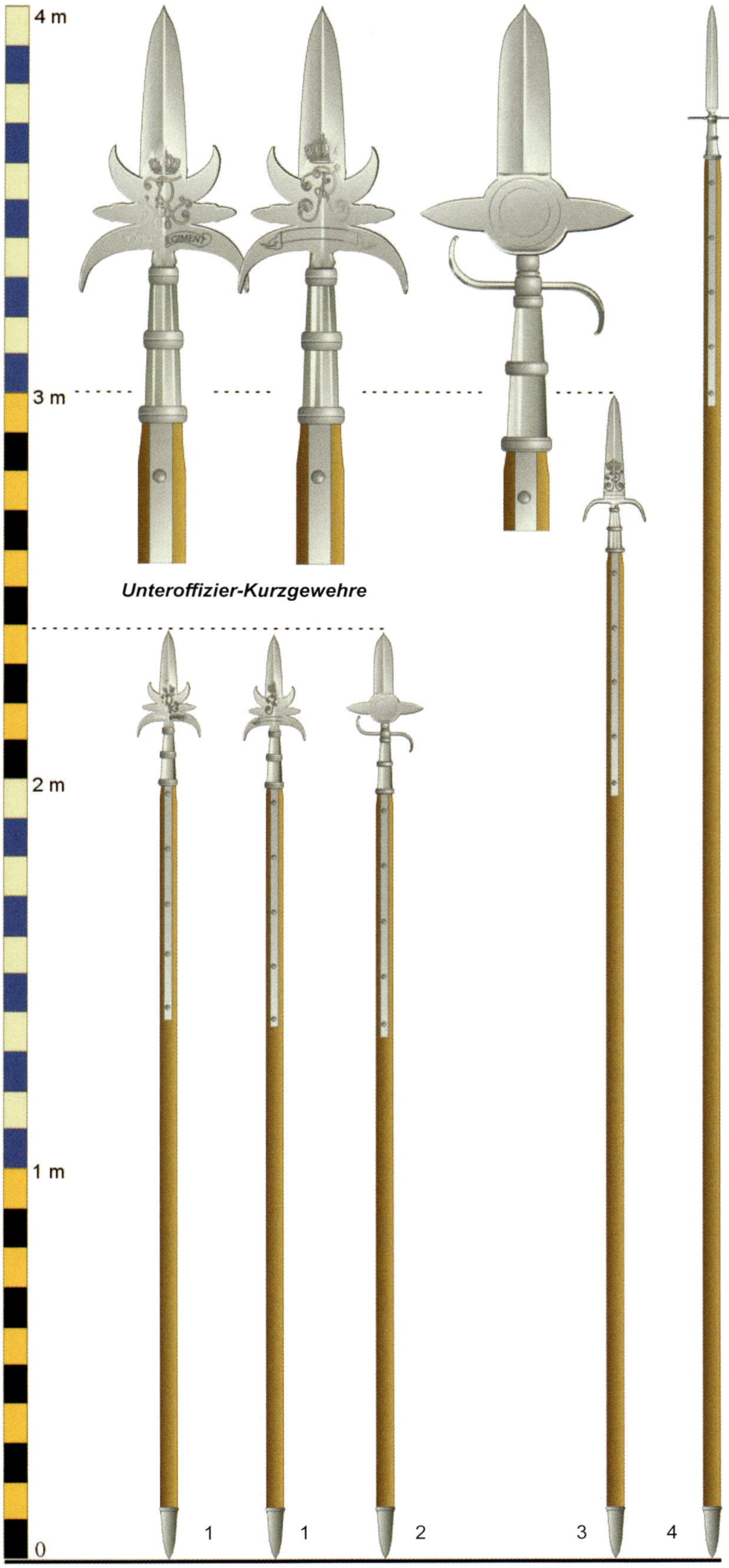

4 m

3 m

2 m

1 m

0

Unteroffizier-Kurzgewehre

1 1 2 3 4

1a: *Kurzgewehr älterer Art* 1713 bis 1786[5].
1b: Variante mit Monogramm FII, nach Realie datiert 1775[5]. **2:** *Kurzgewehr für Grenadier-Unteroffiziere* M1718-1755[23] ohne Monogramm und Regiments-Bezeichnung. **3:** *Kurzgewehr neuerer Art* für Musketier-Unteroffiziere (*Altes Kurzgewehr nA*) M 1755-1806[23,4]. Ab 1786 allgemein bei der Infanterie eingeführt.
4: *Pike* für Grenadier-Sergeanten M1756-1806[23]. Die Klinge an der Spitze konnte abgeschraubt und anstatt des Bajonetts an das Gewehr gesteckt werden. Unteroffiziere trugen im Feld zu den Kurzgewehren auch umgehängte Gewehre. Bei den Klingen der während des Siebenjährigen Krieges ausgegebenen Kurzgewehre fehlten in den Schriftbändern die Regimentsnamen[23]. Die lange Pike wird als sehr schwer und unhandlich beschrieben.

Auch Kurzgewehre aus der Zeit 1713-1740 mit dem Monogramm FWR wurden unter Friedrich II. zunächst noch ohne Umänderung der Chiffre des Vaters verwendet[23]. Von Nr. 6 ist keine Kurzgewehr-Realie bekannt. Gewicht der Kurzgewehre ca. 1,5 kg und schwerer, insbesondere die lange Pike. Als Klingenaufschrift wurde für die grafische Darstellung die Beschriftung nach dem Muster der erhaltenen Esponton-Realien gewählt, bei den erhaltenen Kurzgewehren waren die Inschriften nicht vergoldet. Hinsichtlich der Handhabung des Kurzgewehrs und der Pike gilt das gleiche wie für die Offiziere.

WAFFEN UND AUSRÜSTUNG

Musketenmodell Henoul M 1713[6]

Ab Mai 1713 erfolgte die Bewaffnung mit dem neuen Musketenmodell belgischer Fertigung *Henoul* aus Lüttich, das Regiment Kronprinz hatte es bereits seit 1705. Ab 1719 eiserne Ladestöcke. 1721 wurden die ersten Gewehre mit Ladestöcken aus Stahl aus Lüttich geliefert. Länge des Gewehrs ohne Bajonett 1,56 m. Länge des Laufes 1,18 m, Kaliber 20 mm (12 Kugeln auf 1 Pfund Blei). Später kamen die Gewehre nach Lütticher Vorbild aus Potsdam. Läufe, Ladestöcke und Bajonette wurden östlich von Spandau angefertigt, die Messingteile in der königlichen Messingfabrik zu Hegermühle bei Neustadt-Eberswalde. Splitgerber & Daum in Potsdam stellten die Schlößer und Beschläge her und setzten die Gewehre fertig zusammen.

***Potsdamer Muskete Modell 1723* (Abb. 1)**

1723 erhielt das Königsregiment eine Lieferung mit 2 200 Musketen durch die Potsdamer Gewehrmanufaktur Splitgerber & Daum. Die Ausführung für die Langen Kerls hatte messingüberzogene Schwanzschraubenblätter[23]. Die Schäfte waren nußbraun gebeizt und sollten "besonders schön und gleichmäßig"[1] hergestellt werden. Ladestöcke aus Stahl[1]. Gesamtlänge 156,5 cm. Lauflänge 116,4 cm. Gewicht 4.880 g, davon der Ladestock 420 g. Ein Exemplar des Modells 1723 der Langen Kerls ist erhalten[23,4,22].

Unteroffiziere und Zimmerleute bekamen gekürzte Gewehre. Im Juli 1735 ergeht eine Bestellung des Königs an Splittgerber & Daum über die Anfertigung von insgesamt 377 "Grenadierflinten mit Bajonetten" für das Königsregiment[1]. Nr. 6 hatte seit jeher hellbraune Gewehrschäfte[6]. Das Daumenblech am Kolbenhals wurde bei den Garde-Bataillonen auch nach 1788 beibehalten. Mit Einführung des Nothardt-Gewehrs bei der Garde 1805 jetzt auch schwarze Schäfte, hellbraune nur noch in der Garnison verwendet. Riemen und Schäfte sollten seit November 1805 nicht mehr lackiert werden.

Gezogene Bajonettflinten für Grenadier-Unteroffiziere 1744

Flügelgrenadier-Unteroffiziere erhielten 1744 gezogene Bajonettgewehre. 1787 wurde in jeder Kompanie ein Unteroffizier damit ausgestattet, auch bei den Grenadieren[13].

***Muskete Modell 1740* (Abb. 2)**

Konischer Ladestock, Ladestockröhrchen vorn trichterförmig aufgeweitet. Mit 1,43 m Länge und 5,2 kg Gewicht war es handlicher und leichter als sein Vorgänger. Auch Modell M1723 wurde nach Einführung von M1740 weiterverwendet, z.T. auf die Länge des neuen Gewehrs gekürzt oder mit den Ladestockhülsen des neuen Typs versehen.

Zylindrischer Ladestock 1773

Beide Enden waren gleich dick, so daß beim Laden der Stock nicht mehr in der Luft gedreht werden mußte. Wegen des dadurch erhöhten Gewehrgewichts wurde der Lauf etwas gekürzt, sonst bleibt das Gewehr unverändert. Der typische preußische, scharf abgesetzte und für den Schützen ungünstige "Kuhfuß"-Kolben wird bis 1796 beibehalten.

Gewehr 1780 mit konischem Zündloch

Nun rieselte ein Teil der Ladung beim Füllen des Laufes direkt auf die Pfanne, die nicht mehr separat beschickt werden mußte. Das Gewehr selbst bleibt unverändert. Länge 1,45m.

Nothardt-Gewehr 1805

Mit Ordre vom 29. Oktober 1805 hinsichtlich der bevorstehenden Mobilmachung sollen die Garde-Bataillone zum Ausmarsch mit dem neuen Gewehr bewaffnet werden.

Bajonett

Das Gewehr 1713 hatte ein Bajonett mit dreikantiger Klinge, im Vergleich zu den späteren Mustern relativ kurz und breit. In der Schlacht bei Mollwitz sollen die preußischen Grenadiere erstmals beim Feuern das Bajonett aufgesteckt gelassen haben. Das I. Bataillon Garde erhielt Ende November 1753[13] für das erste Glied 2 Zoll längere Bajonette, die auch spitzer, breiter und schwerer waren als die normale Ausführung. Danach bekam sie die gesamte Infanterie, nach dem Siebenjährigen Krieg ist das lange Bajonett nicht mehr sicher nachweisbar. Auf dem Marsch wurde das Bajonett in der Scheide getragen. Seit 1805 war den Regimentern freigestellt, ob es im Kriege auf dem Marsch aufgepflanzt getragen wurde. Nachts, bei Regenwetter oder Frost blieb es grundsätzlich in der Scheide.

Pfanndeckel

Pfanne und Batteriedeckel waren - außer beim Feuern - bei jedem Dienst mit einem *Pfanndeckel* aus rotem Juchtenleder bedeckt[17], der am Gewehrriemen hing und bei Nichtgebrauch unter das Säbelgehenk gesteckt wurde[13].

Munition

Die Munition bestand aus Papierpatronen - Papierhülsen, in die eine abgemessene Pulverportion zusammen mit der Kugel eingebunden war. Vor dem Einführen in den Gewehrlauf wurde die Patrone aufgebissen und etwas Pulver auf die Pfanne geschüttet. **Abb. 14:** Papierpatrone 1787[45].

Seitengewehr (Säbel) Mannschaften

Vor 1715 wurde ein Seitengewehr mit degenartiger gerader Klinge getragen[23]. Infanteriesäbel M1715[5] Gewicht 900 g (**Abb. 3**). Die Form des Griffs seit 1716 praktisch unverändert[58]. M1715 hat einen Daumenbügel an der Quartseite, dieser entfällt bei M1740 (**Abb. 4**). 1744 wurde die Klinge von 76cm auf 61cm verkürzt. Das Seitengewehr hatte zwar keinen praktischen Wert, war aber für das Selbstverständnis des Soldaten als Statussymbol von großer Bedeutung. Seit 1723 wurden auch die Klingen der Infanteriesäbel, Kurzgewehre und Spontons in der Gewehrfabrik Splitgerber und Daun hergestellt. **Abb. 5, 6:** Säbelgehenk[4,5], ab dem Reglement 1726 war das Lederzeug weiß zu streichen.

Große Patronentasche

Abb. 7: Nach den Portraits von Merck. In der Tasche befanden sich ursprünglich 12 Wurfgranaten - 1733 nur noch 3 und dazu 30 Patronen. Bis 1718 wurden 24, danach 30 Gewehrpatronen in der kleinen Kartusche am schmalen Bauchgurt über dem Gehenkriemen mitgeführt (**Abb. 9, 12**). An einem Kettchen befestigt, steckt an der vorderen Schmalseite die Räumnadel zum Reinigen des Zündlochs. 1736 wurde die Tasche vergrößert. Laufkrätzer, Schraubenzieher und Ersatzfeuerstein in Lederbeutel an der Innenseite der Deckelklappe. Ab den 1720ern wurden die Patronentaschen glänzend lackiert. Zimmerleute trugen darin ihre Axt, deshalb für die Munition eine Bauchkartusche. 1733 entfielen die Granaten. Mit der neuen Uniform 1736 entfällt die rote Einfassung (**Abb. 11**). Bis 1802 waren die Patronentaschenriemen fest angenäht, erst danach durch Riemen verstellbar an der Tasche angebracht[42].

Lunten(ver)berger

Abb. 8: Enthält die Lunte zum entzünden der Granate. Das glühende Ende steckte in der Röhre. Auf dem Marsch mußte jeweils einer der Grenadiere eine brennende Lunte im Luntenberger bereithalten, vor dem Gefecht wurden dann die Lunten der anderen damit angezündet. Die Luntenberger wurden spätestens 1742[15] abgelegt. 1736 gibt es eine Abgabe "vom alten Vorrat des Königsregiments"[1] an das neu errichtete Garnisonsbataillon von Wachholtz[1]. Degen zeigt in seinem um 1739 datierten Gemälde *Wache an Jägertor*[48] die Patronentaschenbandeliers bereits ohne Luntenberger.

Kartuschen für Grenadiere, Unteroffiziere und Zimmerleute

Die kleinen Patronentaschen ("Kartuschen") für 30 Patronen, welche in drei Reihen á zehn angeordnet waren. An einem schmalen schwarzen Gurt über dem Gehenk getragen. Flügelgrenadiere und Große Grenadiere verloren sie 1733, die Zimmerleute 1753. **Abb. 10** ab 1736. **Abb. 12:** Nach einem Bild eines unbekannten Künstlers, das einen Königsgrenadier der Leibkompanie kurz vor 1729 zeigt[1].

***Wurfgranate,* Abb. 13**[25]

Gußeisen, Gewicht ca. zwei bis drei Pfund. Im Loch steckte eine Zündhülse, an die die glimmende Lunte gehalten wurde. Die Vorschrift für das "Schmeißen" von Granaten wurde noch 1737 im Reglement durch den König persönlich aktualisiert[1].

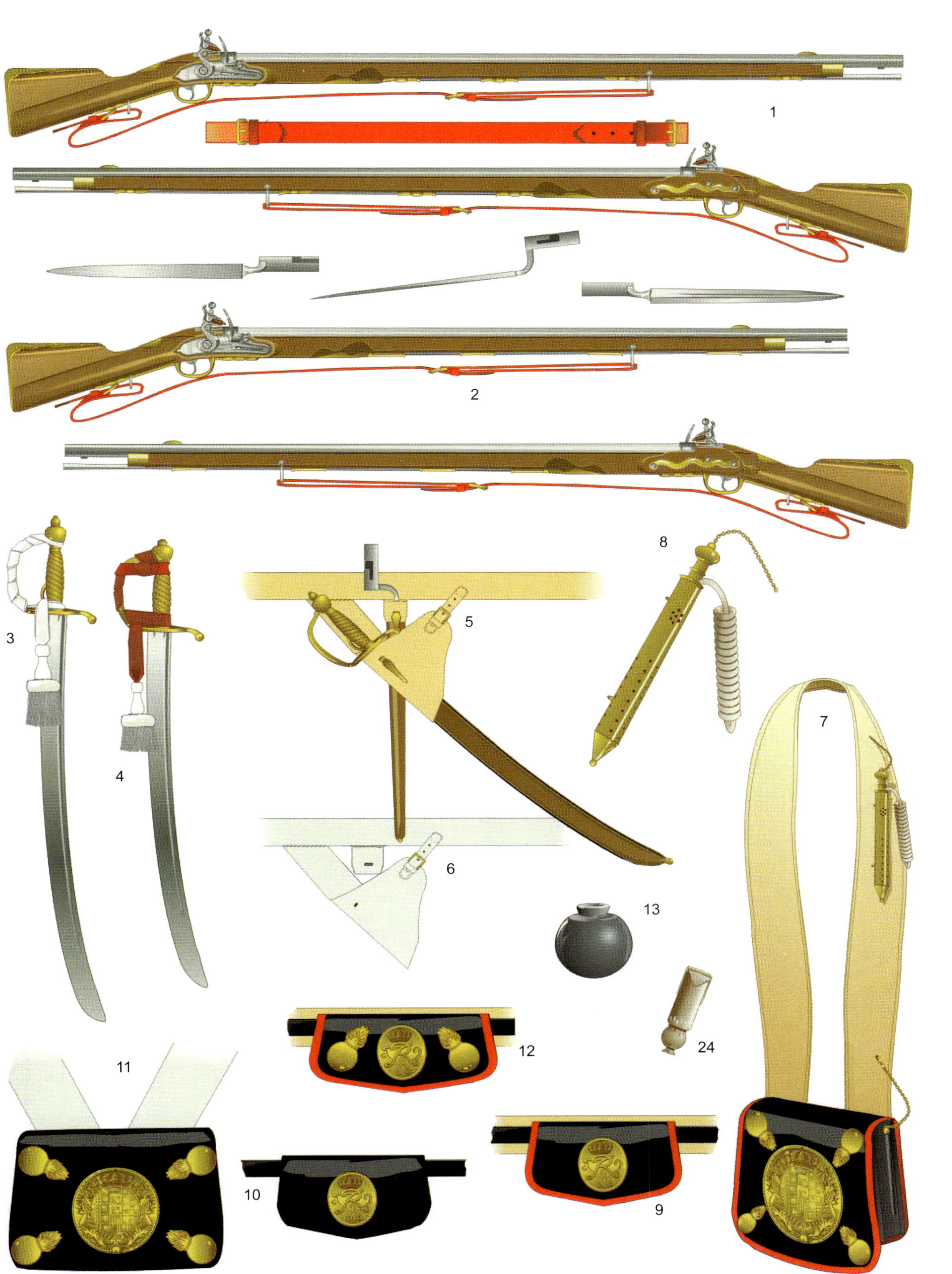
1
2
3
4
5
6
7
8
13
24
12
11
10
9

SPIELLEUTE, MUSIKER, INSTRUMENTE

Pfeifer und Trommler (*Tambours*) sind die *Spielleute*. Die Angehörigen der Regimentskapelle hießen *Hautboisten* (*Hautbois* = frz. Oboe) oder *Hoboisten*, gehörten zum Unterstab und standen bei der Leibkompanie - wie auch die 6 Querpfeifer. Die Tambours stehen bei ihren Kompanien bzw. Bataillonen. In der Rangfolge steht der Hoboist als ausgebildeter Musiker über dem Pfeifer, dieser über dem Tambour. Die Hoboisten spielten lediglich bei Paraden und im Gefecht in der Aufstellung des Bataillons, auf dem Marsch nur die Spielleute. Trommelsignale übermittelten die Befehle der Offiziere, weckten frühmorgens die Truppe und verkündeten den abendlichen Zapfenstreich. Beim Spießrutenlaufen übertönten Trommel und Pfeife die Schmerzensschreie des Delinquenten.

Hoboisten

Hoboist war trotz der von den Musikern gespielten verschiedenen Instrumente die Bezeichnung für alle Musiker der Kapelle. Friedrich Wilhelm I. hatte keine Hofkapelle, stattdessen gaben die Musiker seines Königsregiments regelmäßig Konzerte vor der Hofgesellschaft. Dem um 1722 in Potsdam gegründeten Militärwaisenhaus war eine Musikerschule für angehende Hoboisten, Trompeter und Tambours angegliedert. Schule und Hofkapelle leitete der besonders großgewachsene Kapellmeister Gottfried Pepusch, der schon unter Friedrich I. Vorsteher der Hofkapelle gewesen war, seit 1736 assisitiert von Kapellmeister Sydow[6]. Auch die Hoboisten und Mohren sollten möglichst groß gewachsen sein. Das Königsregiment hatte bei jedem seiner drei Bataillone ein Korps von sieben Hoboisten in der Besetzung von je einem Trompeter, drei Oboen- und drei Fagottspielern. Ab 1770 auch Klarinetten und Hörner. Den Chorführer (*Premier*) zeichnete eine silberne Trompete aus.

Uniformen

Tambours, Pfeifer und Hoboisten trugen den Rock der Gemeinen mit mehrfarbiger Besatzborte, deren Farbzusammenstellung für 1740-45 beschrieben ist: "Einfaß-Schnur auf den Extremitäten Gold, in der Mitte roth, durch welche mitten innen ein paille Streifen. Knöpfe Messing, platt"[42] **(Abb. 1a, b, c, d, 2)**. Die Dessauer Spezifikation 1737, deren Angaben für Nr. 6 nicht in allen Details korrekt scheinen, gibt für die Tambourborte "gold mit rotem Mittelstreifen" an. Die Besatzborte lag doppelt auf den Ärmelnähten und um die Aufschlagpatte. Für 1745 heißt es[42]: "Tambourriemen wie des Friedrich Wilhelms Garde mit goldenen Schnüren besetzt, worauf roth und weiße wollene Streifen". **Abb. 2:** Tressenmusterbuch 1755 zeigt die verschieden breiten Bortenvarianten. Auf dem Rock 1734 des Mohren im Königsportrait von Huber sind sie recht gut zu erkennen. Die Anzahl der Ärmelsparren sollte gemäß Reglement acht betragen, die der Balken auf der "Schulterklappe" (Schwalbennest) fünf. Abhängig wohl von der Armlänge des Mannes konnte der Besatz auch z.B. 10 1/2 oder 12 Sparren und auch lediglich vier Schulterklappenbalken aufweisen[42]. **Abb. 1c:** Knopf.

Möglicherweise waren die Ärmelsparren und die Einfassung der Brustklappen von Friedrich Wilhelm zwischen 1724/25 und 1733 vorübergehend abgeschafft worden. Seit 1733/36 an der Rückseite des Rockes in der Taille nur noch ein Bortenpaar[13]. Spielleuten und Musikern fehlte der Achseldragoner. Die Kopfbedeckung der Tambours entsprach der ihrer jeweiligen Kompanie. Nach der Einführung der schwereren Messingtrommeln sollten die Tambours laut Reglements 1714 und 1718 "erwachsne und im Spiel wohl exerzierte Leute, so alle Märsche füglich mittun können"[13] sein.

Trommel und Zubehör

Die Trommeln waren weder in Größe noch Bemalung der Reifen reglementsmäßig genormt. Bei den Emblemen auf dem Trommelkessel gab es eine Reihe möglicher Varianten[13,42]. **Abb. 10** Trommelblech unter FWI nach Stragand[37] - mit FWR-Chiffre[6], wie sie auch auf den Geschützrohren der Zeit oder auf dem Fahnentuch vorkam. Eine Kindertrommel des jungen Soldatenkönigs (Gemälde von Pesne um 1714) zeigt als Motiv auf dem Kessel den gekrönten Adler in ovaler Einrahmung aus Blattwerk und Zierrat, darüber die Krone und rotgestrichene Reifen. Auch das Motiv des Patronentaschen-Beschlags konnte sich auf dem Trommelkessel befinden[6]. Reglementsmäßige Beschläge sind die unter Friedrich II. und Friedrich Wilhelm II. eingeführten Embleme mit der jeweiligen gekrönten Chiffre. **Abb. 12** Friedrich II, **Abb. 13** Friedrich Wilhelm II. Bis in die Zeit Friedrichs II. waren die Stimmschlingen an der Trommelschnur geknotete Riemen **(Abb. 10)**[4,13], dann zusammengenähte Schlaufen **(Abb. 14)**. Bemalung der Trommelreifen mit schwarzen Granaten und roten Schrägstreifen[37], die von Degen[48] gezeigte Trommel scheint dies, soweit erkennbar, zu bestätigen. Innenseite der Reifen weiß[13]. Die Trommeln waren bis zu einem halben Meter hoch und wurden von der königlichen Messingfabrik zu Hegermühle bei Neustadt-Eberswalde[6] geliefert. Tambourschurzfelle wurden lediglich auf dem Marsch und im Feld verwendet[13] und auf der Innenseite rot, später weiß gestrichen[42]. Sie dienten in erster Linie als Unterlage für die Trommel, wenn diese über die Schulter gehängt wurde. Einen Bezug aus bemalter Wachsleinwand für die Trommel, wenn sie im Lager unter freiem Himmel stand, trugen die Tambours bei sich[13].

Regimentstambour, Bataillonstambour II./III. Btn.

Der Regimentstambour trug nach Reglement 1726 Uniform und Trommel wie die Tambours, Unteroffiziershut und Troddel der Leibkompanie. Unteroffizierstroddel laut Reglement erst ab 1788, jedoch schon 1743[13] getragen. Der Regimentstambour stand im Unterstab beim I. Bataillon, das II. und III. Bataillon hatten je einen Bataillonstambour (*Vorschläger*).

Pfeifer, Mohrenpfeifer

Pfeifer hatten nur die Flügelgrenadiere, die Leibkompanie und die Kommandeurskompanie im II. Bataillon. Zwei Gemälde von Huber, die den König zusammen mit einem Mohrenpfeifer im Hintergrund darstellen, zeigen als Kopfbedeckung verschiedene Bunde[6] mit schwarzer bzw. weißer Feder[6], perlenartige längliche Ohranhänger und silbernes Halsband **(Abb. 3a, 3b)**. 1745[42]: "Pfeifenriemen wie des Friedrich Wilhelms Garde mit goldenen Schnüren besetzt, worauf roth und weiße wollene Streifen". Im lederbezogenen Blechbehälter am Schulterbandelier befanden sich mehrere Querpfeifen in unterschiedlichen Stimmungen. Kragen und Ärmel hatten unter Friedrich Wilhelm I. eine kleine Krause. Kein Zopf[15].

1731 gab es in der Potsdamer Garnison 16 Mohren, 1739 dieser 23[1] Einige stammten noch vom Hofstaat Friedrichs I., andere wurden als Jungen 1714/15 im englischen Sklavenhandel und 1717 von der Holländischen Handelsgesellschaft angekauft und christlich getauft[1]. Dabei wurde Wert auf Anzeichen überdurchschnittlichen Wachstums und zum Musizieren geeigneter Hände gelegt. Die Mohren erhielten eine Ausbildung auf mehreren Instrumenten. Nach der Umformierung zum Grenadier-Garde-Bataillon wurden offensichtlich die Mohren versetzt. Einige kamen noch 1740 zur Janitscharenmusik der Artillerie, wo sie ihre Bunde, Ohrgehänge und silbernen Halsreifen beibehielten[7]. Vermutlich gingen auch einige an das I. Bataillon Garde, dort gab es unter Friedrich II. zunächst Mohrenpfeifer. Es scheint, als wären dann auch dort keine neuen Mohren mehr rekrutiert worden. Ein Augenzeuge beschreibt etwa 1768/74 für das I. Bataillon Leibgarde in Potsdam[42]: "Bei der Wache ein Pfeifer. Der Pfeifer kein Mohr, hat aber einen solchen Bund auf". Thümen zeigt bei I/15 für 1797 einen schwarzen Pfeifer. 1806 dienten offenbar noch einige Mohrenpfeifer[1]. Die Pfeifer des Grenadier-Garde-Bataillons tragen die Grenadiermütze[51]. Das Königsregiment hatte eine seinerzeit neuartige *türkische Janitscharenmusik*, die die 15 Pfeifer-Mohren ausführten[6]. Vorbild war die Janitscharenkapelle am sächsischen Hof, deren Mitglieder die Mohren in Potsdam eine Zeit lang unterwiesen. Gespielt wurden Trommel, Tamtam, Triangel, Zymbel,Tamburin. Mehrere Mohren spielten auch Dudelsäcke[1].

1 Rock für Tambours, Pfeifer und Hoboisten. ***1a*** Vor 1736, ***1b*** nach 1736. Die leicht vorspringende Brustkante des Rockes, wie sie etwa bis 1753 vorkam (*stehende Brust*, siehe S. 45 und S. 46 Figur 2) ist hier nicht berücksichtigt. ***2*** Tambourborten nach Tressenmusterbuch 1755. ***3*** Trommelblech vor 1740. ***3a*** Mohrenpfeifer um 1734 und ***3b*** um 1738, nach zwei Gemälden von Huber[1]. ***4*** Hut für Hoboisten und Regimentstambour. ***5*** Trommelbandelier reglementsmäßig vor 1726, danach sollte das Leder weiß gestrichen sein. ***6*** Säbel[5]. ***7*** Pfeifenfutteral bis 1806[4]. ***8*** Querpfeifen, mit Bein- oder Elfenbeinringen aus der Zeit Friedrich Wilhelms I., darunter zwei Pfeifen aus der Zeit Friedrichs II. ***9*** Silberne Trompete des Chorführers. ***10, 11*** Trommel und Beschlag zur Zeit Friedrich Wilhelms I. ***12, 14*** Beschlag und Trommel unter Friedrich II. ***13*** Beschlag unter Friedrich Wilhelm II.

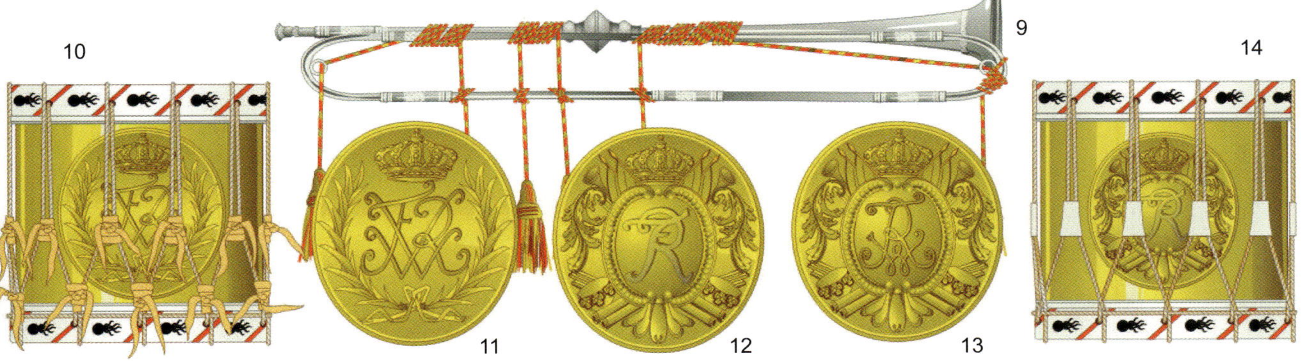

DIE UNIFORMIERUNG 1713-1736

Die Uniform der Langen Kerls erfuhr insbesondere während des Zeitraums zwischen 1718 und 1736 mannigfache Änderungen, die sich durch die allgemeinen Armee-Reformen und die Zusammenlegung des Roten Leibbataillons mit den beiden Bataillonen des Königsregimentes Nr. 6 im Jahr 1717 ergaben. Für die Phase des Roten Leibbataillons vor 1717 kann gesichert lediglich ein Grenadier dargestellt werden. War bei Regierungsantritt Friedrich Wilhelms 1713 der barocke Schnitt der Uniform durch Faltenfülle und - bei den Offizieren - üppige Stickerei geprägt, reduzierte sich die für einen Rock benötigte Stoffmenge bis 1725 fast auf die Hälfte. Funktionalität und wirtschaftliche Knappheit bestimmten fortan den Stil. Der Rock wurde im Schoß kürzer, die weiten Ärmelaufschläge und langen Strümpfe 1716[42] ganz abgeschafft. Das Haar wurde im Rücken in einem langen dünnen Zopf getragen, auch bei den Offizieren[29]. Waren die Uniformen der Armee bisher am französischen Vorbild orientiert, prägte Friedrich Wilhelm einen eigenen preußischen Stil: Dunkelblauer, indigogefärbter[24] Rock mit roten Schoßumschlägen, Kragen, Ärmelaufschlägen und Brustklappen (*Aufklappen*) sowie Gold als Farbe für den Metalltressenbesatz.

Die Einführung eines *Ökonomie-Reglements* bewirkte einheitliche Form, Materialbeschaffenheit und Bezugskosten der einzelnen Monturstücke.

1: Offizier, Königsregiment 1721/24.
2: Grenadier, Rotes Leibbataillon ca. 1713.
3: Offizier, Rotes Leibbataillon ca. 1720-1729.
4: Unteroffizier ca. 1720
5: Grenadier nach Merck, ca. 1720.

1736 schließlich wird die Uniformierung eingeführt, wie sie in den Grundzügen bis Anfang der 1790er beibehalten bleibt. Für die Zeit ab der Gründung der Truppe bis 1736 ist die Dokumentation der getragenen Kleidung lückenhaft. Ein großer Teil der diesbezüglichen Aufzeichnungen aus dem Kabinett des Soldatenkönigs dürfte unter seinem Nachfolger auf dem Thron, dem Alten Fritz, zu Patronenhüllen verarbeitet worden sein - anderes vernichtete der Weltkrieg.

Die Bildquellen

Mannschaften. Die interessanteste Bildquelle für die Uniform bis ca. 1730 sind die von Johann Christof Merck im Auftrag Friedrich Wilhelms I. gemalten lebensgroßen Portraits von Angehörigen der Leibkompanie, ursprünglich im Potsdamer Stadtschloß, bis vor dem Krieg in der *Ruhmeshalle* des ehemaligen Zeughauses Berlin befindlich. Wieviele dieser Portraits es ursprünglich gab ist nicht sicher. Sechs mit den Namen der jeweils dargestellten Grenadiere bezeichnete Bilder aus der Gemäldereihe sind bekannt. Zwei davon befinden sich im Deutschen Historischen Museum Berlin, wo auch einige Gemälde mit Grenadierportraits aus der Zeit 1726-40[1] erhalten sind. Die Datierung der Merck-Bilder mit den roten Unterkleidern ist unsicher und wird in verschiedenen Quellen u.a. mit 1714[22] oder 1714/20[1] angegeben. Der scharf abgesetzte eckige *Kuhfuß*-Kolben der detailliert dargestellten Muskete, der am Kolbenhalsansatz messerschneidenartig schmal und unten sehr breit, fast klobig, endet[23,5], vermittelt allerdings den Eindruck der preußischen Muskete 1723, die die Truppe erst im selben Jahr erhielt[1].

Zumindest bis 1721 war das verwendete Gewehr das lütticher Henoul-Modell mit seinem länglichen, abgerundeten und insgesamt sehr schmalen Kolben und Kolbenhals, der sich vom Kuhfuß auf den ersten Blick stark unterschied[22]. Merck war ab 1718 bis zu seinem Tod 1726[50] in Potsdam tätig. Nach anderen Quellen seien die Grenadierportraits von Friedrich Wilhelm selbst gemalt worden, was jedoch auszuschließen ist[50]. Der Zeitgenosse Trömer erwähnt 1730 ein Holzmodell des zwei Jahre zuvor verstorbenen Königsgrenadiers Jonas Henrikson, nach dem vermutlich die 1895 von E. Herter geschaffene, bis 1945 auf der Potsdamer Langen Brücke stehende Steinfigur[2] eines Langen Kerls entstanden war.

Offiziere. SW-Reproduktionen von 18 Offiziersportraits[1] zeigen, daß die roten Unterkleider noch 1729 - also 12 Jahre nach der Vereinigung mit dem alten Kronprinzen-Regiment zu Fuß Nr. 6 - vom I. Bataillon des Königsregiments (ehemalige Rote Leibgrenadiere) - getragen wurden. Das Königsregiment hatte also für eine längere Übergangszeit bis ca. 1730 mindestens zwei verschiedene Uniformvarianten. Offensichtlich gab es weitere Übergangsversionen (S. 38/39).

6

Abb. oben:
Grenadier, Rotes Leibbataillon ca. 1713[3]

Grenadiers Hand-Griffe.
No. 1 Bringet das Gewehr gerade vor euch! 2 Tempos.
No. 2 Hanget das Gewehr über die Schulter! 1 Tempo.
No. 3 Ergreiffet die Lunte! 2 Tempos.
1. Man ergreiffet mit beyden Händen die Lunte, wobey die beyden Ellenbogen gleich hoch den Schultern gehalten werden.
2. Man bringet mit der lincken Hand geschwinde mit ausgestrecktem Arm die Lunte vom Leibe, und lässet die rechte Hand bis auf eine Spanne von der Patron-Tasche herunter fallen...
No. 4 Ergreiffet die Granate! 4 Tempos.
No. 5 Oeffnet und decket die Granate! 2 Tempos.
Man bringet geschwinde und zugleich die Granate an den Mund, und öffnet sie...hält mit ausgestrecktem Arm gleich der Schulter die Granate hinterwerts, und die Lunte vorwerts; Wobey der Daumen auf den Zünder, und beyde Knie steiff gehalten werden müssen.
No. 6 Blaset ab die Lunte! 2 Tempos.
No. 7 Zündet und werffet die Granate! 3 Tempos...
2. Man zündet die Granate. 3. Man wirfft die Granate...
No. 8 Die Lunte an ihrem Ort! 2 Tempos.
1. Man bringet die Lunte sehr geschwinde an ihren Ort, und beyde Arme fassen an den Lunten Verberger wie vorhero. Man wirfft geschwinde und zugleich beyde Hände weg und lässet sie gerade herunter hängen.
Nr. 9. Das Gewehr auf die Schulter! 3 Tempos[17].

Abbildungen

Gegenüberliegende Seite. **Abb.1: *Offizier des Königsregiments***, nach je einem Gemälde[22] von Weidemann 1721 und von Pesne 1724, *Kronprinz Friedrich in der Uniform des Königsregiments*. Die dargestellte Offiziersuniform entspricht dem 1713 eingeführten Stil mit schlichtem Rock und tressenbesetzter Weste[42]. Ringkragen unter der offenen Weste auf dem Hemd. Abb. 1 und Abb. 3 lassen gut die oberhalb der Taille vorspringende *stehende Brust* am Offiziersrock erkennen, die bis ca. 1750 so vorkam[15]. 1725 verschwinden die aufwendigen Stickereien an den Westen, die Offiziersuniform wird stärker reglementiert, der Rock mit Schlingen aus Goldgespinst belegt. Hüte wurden auch von den Offizieren der Flügel-Grenadiere getragen.

Abb. 2, 6: *"Grenadiere vom Leib-Bataillon des Königs-Regiments um 1713"*[3] Tafel 15. Nach einer ca. 40 cm hohen bemalten Holzfigur[40], zu sehen auch auf einem Foto der Ruhmeshalle im Führer des Königlichen Zeughauses von 1914. Grenadiere trugen Handschuhe, vermutlich um die Hände gegen Brandverletzungen durch herabfallende glimmende Lunteteile zu schützen. Der Patronentaschenbeschlag trägt auf großen ovalen Blech statt des bei Merck dokumentierten preußischen Wappen-Emblems die FWR-Chiffre. Die Granaten waren nach einem Exemplar im ehemaligen Zeughaus aus Gußeisen. Knötel zeigt anstelle des Infanteriegewehrs 1701-1705[23], oder des lütticher Henoul-Gewehrs die preußische Muskete 1723. Voluminöse Ärmelaufschläge und lange Strümpfe sind charakteristische Merkmale der Uniformierung in den Jahren direkt vor Regierungsantritt Friedrich Wilhelms I. **3: *Offizier, Rotes Leibbataillon bis ca. 1729 / 1730.*** Rock und Weste wurden während dieser Zeit von den Offizieren für gewöhnlich offen getragen, der Rock hatte rechts unterhalb der Taille drei wirkliche Knöpfe mit Knopflöchern auf der linken Seite. Schärpe über, Schildkragen unter der Weste. Bildquellen: Offiziersgalerie 1722-1729[1]. Die Anzahl der vorn an den Kanten des Rockes untereinander dicht gesetzten Schlingen betrug abhängig von der jeweiligen Körpergröße zwischen 10 und 13.

4: Unteroffizier, Rotes Leibbataillon ca. 1720. Ein zeitgenössischer Bildbeleg für einen Unteroffizier der Roten Grenadiergarde ist nicht bekannt. Jany[6] erwähnt für den Unteroffizier die aus Goldimitatschnur geflochtenen Schlingen wie sie auf den Klappen im Bild des anonymen Unteroffiziers um 1730[1] erscheinen (siehe S. 39 Abb. 2 und 7). Angesichts fehlender anderweitiger Beschreibungen ist die Annahme naheliegend, daß die

Rotes Leibbataillon und I. Bataillon Königsregiment bis ca. 1729

Schlingen auch in den Jahren davor schon üblich waren. Insbesondere, da die Unteroffiziere des Leibbataillons sich auch durch vergoldete Knöpfe und das Schnallen des Gehenks u n t e r das Kamisol im äußeren Erscheinungsbild demonstrativ dem Offiziersstatus annäherten. Die Tressen-Einfassung der Aufklappen sei als eine bei verschiedenen Regimentern alternativ zu Schlingenbesätzen übliche Variante[42,6] aufgezeigt (S. 32 Abb. 4a), erscheint allerdings hier kaum schlüssig. Knötel zeigt im Bild der Langen Kerls beim Exerzieren im Potsdamer Lustgarten[49] im Hintergrund einen Unteroffizier in Rückansicht. Die angedeutete Litze zwischen den Taillenknöpfen deutet auf einen Schlingenbesatz hin. Der Unteroffiziershut hat Goldborte, goldenen Hutkordon und schwarze Bandschleife seit 1713[42]. Der schwarz und weiße Unteroffiziers-Mützenpuschel wurde 1718/1719 eingeführt[42,6]. Grenadier-Unteroffiziere hatten zunächst Bajonettflinten, dazu mit Ordre vom 31. Dez. 1718 das Kurzgewehr. Ab 01. Januar 1719 anstelle des Gewehrs nur das Kurzgewehr der Grenadiere. Kurzgewehr der Normalkompanie-Unteroffiziere war das Modell 1713. Korporalstock bei jedem Dienst, auch eingetreten im Glied bei Parade und Revue, dann angeknöpft. ***S. 32 Abb. 5*** sowie ***S.34 Figuren 2, 4 und 6: Grenadiere des Roten Leibbataillons oder des Königsregiments I. Bataillon bis ca. 1729.*** Nach den Portraits von Merck. Roter Achseldragoner nach Knötel. Die Brustklappen gehen direkt in die aufgeschlagenen Schoßumschläge über. Eine Darstellung mit abgesetzten Brustklappen ist mir nicht bekannt, könnte aber später dem Uniformstil angepaßt vielleicht so getragen worden sein. Figur 2 zeigt die von Merck für seine Grenadiergemälde gewählte Haltung mit geschultertem Gewehr. Unten: Figur 4 trägt den Hut zum kleinen Dienst. ***Seite 32 Abb. 6: Grenadier, Rotes Leibbataillon ca. 1713.*** Die Knötel-Tafel zeigt zwei Grenadiere in der vorschriftsmäßigen Haltung vor dem Werfen der Granate. Das *Reglement 1726, V.Titul. Grenadiers Handgriffe*, beschreibt genau die einzelnen Bewegungen vom Heraustreten der Grenadiere aus dem Peloton bis zum Wiedereinnehmen ihrer Ausgangsposition in der Rotte. Das Gewehr war vor dem Granatenwurf auf den Rücken zu werfen, mit dem Kolben hinter den linken Fuß.

Figur 1: Hoboist mit Fagott. **Figuren 2, 4, 6:** Große Grenadiere. **Figur 3:** Mohrenpfeifer. **Figur 5:** Unteroffizier, kleiner Dienst. **Figur 9:** Zimmermann.

DIE UNIFORM 1718 - 1729/30

"Am 2. Mai 1713 hatte der König zu den Beisetzungsfeierlichkeiten nach dem Tod seines Vaters das *Rothe Bataillon Grenadiers* zum ersten Mal öffentlich vorgeführt...in ihrer neuen überaus prächtigen Kleidung a 600 Mann[34]". 1726 betrugen die Kosten für die komplette Montierung eines Langen Kerls inklusive der Bewaffnung 49 Reichstaler 11 Groschen. Darin eingeschlossen die Patronentasche zu 3 Taler 12 Groschen, Seitengewehr mit Gehenk zu 2 Taler 20 Groschen, Gewehr zu 10 Taler, Tornister zu 18 Groschen, Schuhe mit Schnallen 1 Taler 8 Groschen sowie Uniform, Kamisol und Tuchhose für zusammen 21 Taler[1]. Gemeinen und Unteroffizieren war das Tragen von Schnurbärten *auf polnische Manier*[17] gestattet, der Bart durfte nicht gefärbt werden. Offiziere glattrasiert. Das Haar wurde zu einem langen Zopf gebunden, der bis ins Kreuz reichte, an den Seiten waren die Haare so geschnitten, daß sie einfach herabfallend gerade die Ohren bedeckten. Die eingedrehten Seitenlocken - auf jeder Kopfseite zwei, manchmal links drei wegen des schräg aufzusetzenden Hutes, kamen um 1726 auf. Davor trug man die Locken üppiger (S. 34 Figur 1). Vor Paraden wurden die Haare gepudert. Die Grenadiermütze aus Stoff wird vom I. Bataillon des Königsregiments bis zur Einführung der Mütze mit Blechschild 1729 getragen.

Grenadiere und Flügelgrenadiere

Jede Kompanie hatte einen Flügelgrenadierzug bestehend aus 12 Flügelgrenadieren, einem Zimmermann und einem Unteroffizier mit dem Grenadierkurzgewehr. Besonderes Attribut der Grenadiere war neben der spitzen Mütze der röhrenförmige *Luntenberger* auf dem Patronentaschenbandelier.

Fortsetzung S. 38.

Figur 7: Friedrich Wilhelm I. in der Uniform des Königsregiments mit Ordensband des Schwarzen Adlerordens für große Anlässe. **Figur 8:** Offizier bei Wachdienst, Revue oder Parade. **Figur 10:** Flügelgrenadier-Unteroffizier. **Figur 11:** Unteroffizier der Großen Grenadiere. **Figur 12:** Tambour.

LEIBKOMPANIE KÖNIGSREGIMENT 1726

Leibkompanie in Paradeaufstellung 1726 *Nach Reglement 1726 und Rangierrolle 1726.* Die Abstände

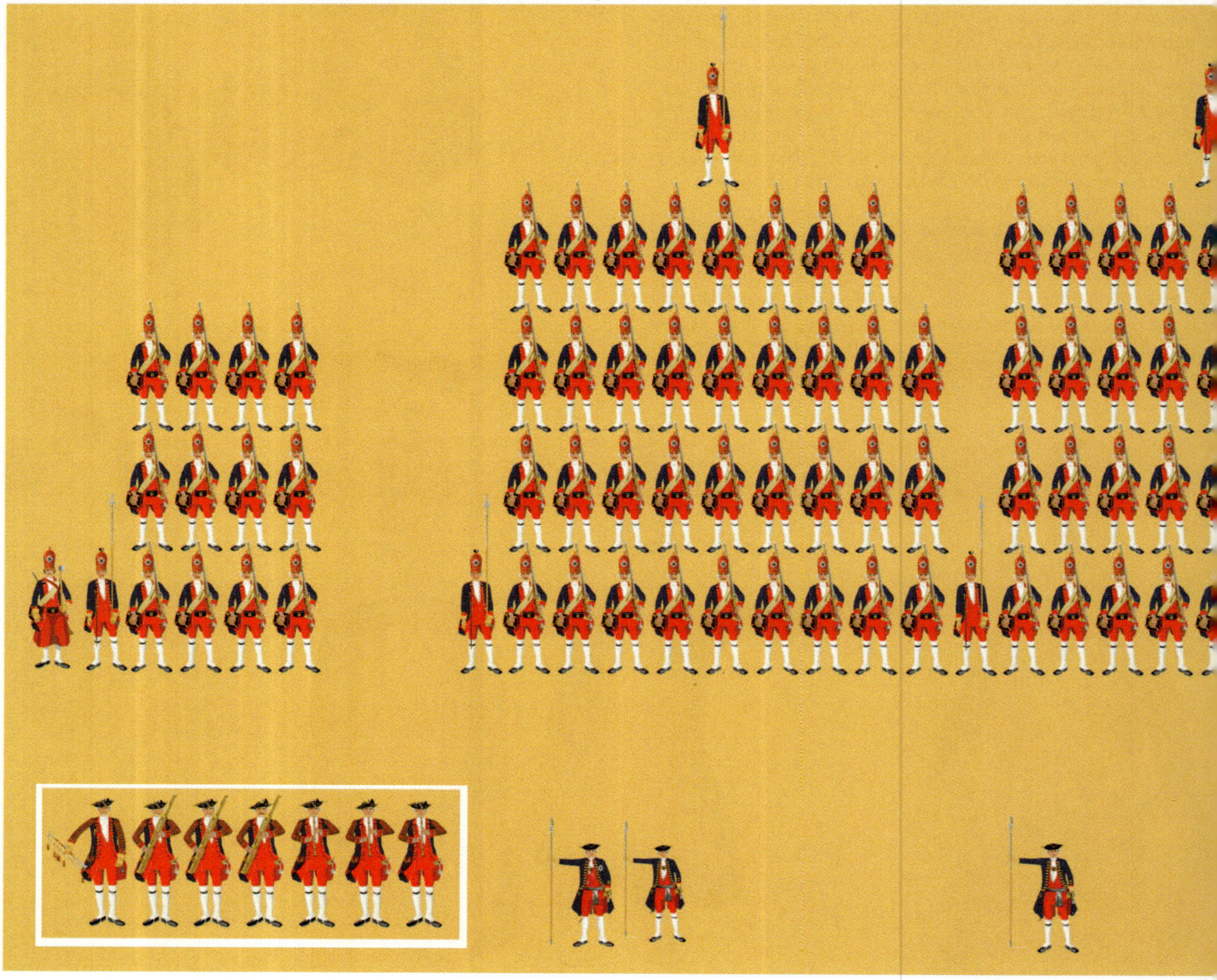

Flügelgrenadierzug	1. Zug	2. Zug	3. Zug	4. Zug	
	U	U	U	U	
	G G G G G G G G	G G G G G G G G	G G G G G G G G	G G G G G G G G	
FG FG FG FG	G G G G G G G G G	G G G G G G G G G	G G G G G G G G G	G G G G G G G G G	
FG FG FG FG	G G G G G G G G G	G G G G G G G G G	G G G G G G G G G	G G G G G G G G G	
Z FU FG FG FG FG	U G G G G G G G G G	U G G G G G G G G G	U G G G G G G G G G	U G G G G G G G G G	U
		P T T T T			
	O (FW I) Ad	O	F	O	O

G Großer Grenadier, **U** Unteroffizier, **O** Offizier, **Ad** Adjutant, **P** Pfeifer, **T** Tambour, **FG** Flügelgrenadier, **FU** Flügelgrenadier-Unteroffizier, **Z** Zimmermann, **F** Freikorporal mit Kompaniefahne, **FWI** Friedrich Wilhelm I. als Chef im Rang eines Premierkapitäns der Leibkompanie

nen Glieder, der Offiziers- und Unteroffizierslinien sind aus Gründen der Übersichtlichkeit größer dargestellt*.

Nach Rangierrolle 1726[1] hatte die Leibkompanie eine Stärke von 5 Offizieren, davon als Premier-Kapitän der König, 1 Gefreitenkorporal, 10 Unteroffizieren, davon 1 Flügelgrenadier-Unteroffizier sowie 140 Großen Grenadieren, 12 Flügelgrenadieren, 1 Zimmermann, 1 Pfeifer, 4 Tambours. Zwischen dem 1. Zug und dem Grenadierzug war eine Lücke zum Eintreten der 3 Tambours. Überkomplette und Unrangierte kommen noch hinzu, sind bei der Paradeaufstellung jedoch nicht eingetreten.

*Der Abstand zum Nebenmann betrug etwa einen halben Schritt. Der Abstand der Glieder untereinander betrug 8 *Werkschuh*. Die Offizierslinie befand sich 18 Werkschuh vor dem 1. Glied. Die schließenden Unteroffiziere standen 8 Werkschuh hinter dem 4. Glied. Offiziere: Nach Reglement 1726 standen ein Kapitän vor dem 1. Zug, ein Fähnrich vor dem 2. Zug, ein Seconde-Lieutenant vor dem 3. Zug, ein Premier-Lieutenant vor dem 4. Zug. Die Rangierrolle 1726 enthält neben diesen 4 Offizieren bei jeder Kompanie noch einen weiteren, einige davon sind die Kompaniechefs im Range von Stabsoffizieren. Die Flügelgrenadiere, 12 Mann und 1 Zimmermann sowie ein Unteroffizier, treten am rechten Flügel an, die Spielleute in einer Linie vor Mitte der Kompanie, die Fahne vor den Spielleuten vor der Mitte der Kompanie. Die Hoboisten gehören wie alle 3 Pfeifer des Bataillons und der Rest des Unterstabes zur Leibkompanie, treten aber offensichtlich nicht mit ein. Ganz links unten die 7 Hoboisten des Bataillons.

Die Skizze einer Paradeaufstellung des Leibbataillons 1717 nach Ortenburg[37] zeigt 128 Große Grenadiere in Zügen zu je 8 Rotten, dazu die 12 Flügelgrenadiere, Offiziere und Unteroffiziere wie in Abb. oben. Dort bilden alle 3 Pfeifer des Bataillons neben 5 Tambours die Linie der Spielleute und bei den Flügelgrenadieren sind alle 5 Zimmerleute des Bataillons rechts eingetreten.

II. UND III. BATAILLON KÖNIGSREGIMENT 1729-1736

Fortsetzung von Seite 34:

Da im 1717 vereinigten Königsregiment das II. und III. Bataillon der Herkunft her Musketiere waren, hatten dort Luntenberger und Grenadiermütze nur die Flügelgrenadiere. Die vier kleinen Granaten auf den Ecken des Patronentaschendeckels - eigentlich nur von Grenadieren getragen - hatten dagegen alle Angehörigen von Nr. 6[19].
Die Montierung zeigte abgesehen vom Luntenberger grundsätzlich keinen Unterschied zwischen Großem Grenadier und Flügelgrenadier. Zwischen 1733 und 1736 hatten die Röcke der Mannschaften rote Klappen mit sechs goldenen Litzen[4]. Unterkleider bis 1725 rot[4]. Der Hemdkragen wurde halb über die Halsbinde geklappt, so daß ein breiter weißer Streifen entstand, dies war noch 1736 der Fall[42].

Zimmerleute

Die Zimmerleute wurden insbesondere für den zu Beginn des 18. Jahrhunderts noch häufigen Kampf um Feldbefestigungen, das Beseitigen von Wegehindernissen oder Anlegen von Sperren benötigt. Auch im Roten Leibbataillon gehörte zu den Flügelgrenadieren jeder Kompanie ein Zimmermann, zu erkennen am Schurz aus schwerem, rotgestrichenem Leder[6,42]". Das Schurzleder (auch *Zimmerschurz*) war ein wichtiger Schutz vor Verletzungen durch abgleitende Axthiebe oder beim Tragen von schwerem Bauholz. Während des Marsches wurde für gewöhnlich der Schurz an einer Seite hochgeschlagen[13]. Die Axt wurde in der Patronentasche ohne Einsatz getragen und die Tasche dann Zimmertasche genannt. Verkürztes Gewehr und die kleine Bauchkartusche vervollständigten die Erscheinung. Die Mundierungs-Reglements 1725 und 1745 geben die Beschaffungskosten für ein Zimmer-Schurzfell der Garde mit 2 Talern und 12 Groschen, für eine Zimmer-Axt mit 4 Talern an[13]. Die Zimmerleute waren die kleinsten Männer unter den Flügel-Grenadieren, aber sie mußten besonders kräftig sein. Zusammen mit den Spielleuten marschierten sie an der Spitze des Bataillons. Neben der Axt, die am Mann mitgeführt wurde, transportierte der Bataillons-Patronenwagen weitere notwendige Zimmermanns-Werkzeuge für Holz- und Erdarbeiten. Die Axt hatte nach dem Reglement gleichzeitig zusammen mit der Muskete der Grenadiere geschultert, präsentiert, beim Fuß gesetzt oder verkehrt geschultert zu werden. Der Zimmermann S. 35 Figur 7 trägt die Axt "scharf geschultert" mit der Schneide nach vorn. Die rote Farbe zum Anstreichen des Leders basierte auf einer Mischung aus Mennige und Zinnober[13].

Spielleute

Zur Rekonstruktion des Rockbesatzes sind Gemälde und Beschreibungen zurückgehend bis zur Uniform 1734 vorhanden. Bei Einführung der neuen Uniform 1735/36 bemerkt der König "Die Tambour-Schnüre bleiben wie die vorigen"[1]. Die Zusammenstellung des Bortenmusters entspricht augenscheinlich schon dem für Nr. 6 im späteren Tressenmusterbuch 1755 dokumentierten, das dort in der Reihenfolge der Webstreifen Gold-Rot-Paille-Rot-Gold beschrieben wird[42].

1

2

3

Links:
Königsregiment
II. und III. Bataillon.

Die Uniform, die das Königsregiment vor seiner Vereinigung mit der Riesengarde 1717 trug, ist nicht bekant. Die erste Darstellung scheint die Dessauer Spezifikation 1729 zu geben, darin entsteht allerdings der Eindruck, dies sei die Uniform für das komplette Regiment Nr. 6.

Figur 1:
Auch S. 39 Schema-Abb. 5. Vor 1736 Mannschaftsuniform mit roten Klappen, darauf 1733-1736 je sechs goldene Litzen[10].
Kamisol und Hose wirken bei diesem Portraitgemälde eindeutig dunkler, eher lederfarben als das strohgelbe hellere *Paille.*

Figuren 2, 3:
Königs-Regiment Nr. 6, 1729[19]. Uniform des II. und III. Bataillons (Auch S. 39 Schema-Abb. 1).
1: Großer Grenadier der Normalkompanien **2:** Flügelgrenadier.
Thümen zeigt für beide den Granatenbeschlag auf der Patronentasche.

Inwieweit die auf der rechten Seite in den Schema-Abb. Nr. 5, 6 und 8 dargestellten Uniformvarianten zeitweise tatsächlich vom ganzen Regiment getragen wurden oder nur übergangsweise eingeführte Versuchsbekleidung waren, bleibt offen.

Königsregiment II. und III. Bataillon ab ca. 1726, I. Bataillon ab 1729/30

1: Nach Dessauer Spezifikation von 1729[10]. Nach Thümen ist dies die 1729 getragene Uniform vom II. und III. Btataillon (gegenüberliegende Seite Figuren 2, 3). Das Lederzeug ist für 1729 noch gelb dargestellt[19]. **2, 7**: Nach einem anonymen Brustbild eines Unteroffiziers[1]. Der Typ der Unteroffiziersschlinge könnte mit der des Tressenmusterbuches identisch sein. Der Sitz der Schlingen wurde nach Dessauer Spezifikation 1737 rekonstruiert, jedoch nach Beschreibung bei Thümen auch die Taschenklappe besetzt. **3:** Mohrenpfeifer. Nach Gemälden[22] von Weidemann und Thomas Huber[1] um 1734/36. Der Besatz der unteren Rockpartie wurde nach der Dessauer Spezifikation 1737 rekonstruiert, das untere Ende der Aufklappe nach Dessauer Spezifikation 1729. Die Uniform der Tambours ist identisch bis auf den Turban. Alle Tambours im I. Bataillon sowie die der Flügelgrenadiere im II. und III. Bataillon tragen die Grenadiermütze der Gemeinen, die der Normalkompanien im II. und III. Bataillon den Hut. **4:** Offizier. Nach mehreren Gemälden[1,22] des Königs um 1734/36. **5:** Diese Uniform trug das II. u. III. Btl. ab etwa 1725/26[1], das I. Bataillon wohl ab 1729/30. Der auf einem Gemälde aus der Sammlung der britischen Königin dargestellte Grenadier - hier bezeichnet mit “von C.P. Merck um 1730” (sic!) ist wieder ein Mann der Leibkompanie, also vom I. Bataillon. Wenn von Merck stammend, muß das Bild vor 1726 gemalt sein. **6:** Nach anonymer Darstellung eines (Flügel-?) Grenadiers kurz vor 1729[1]. Sonst wie 1. **8**: Uniform ab ca. 1734[22,1], Portrait eines lebensgroßen Grenadiers aus der Leibkompanie, Original im Museum für deutsche Geschichte. Diese Uniform soll um 1734 eingeführt worden sein[1]. Obwohl ab dem Reglement 1726 alles Lederzeug weiß angestrichen sein sollte, wirkt es in den farbigen Bildquellen zu Nr. 1 und 5 paillefarben[19]. Kamisol und Hose sind bei allen oben angeführten Darstellungen paillefarben, Stiefeletten weiß.

DIE UNIFORMIERUNG AB 1736: OFFIZIERE

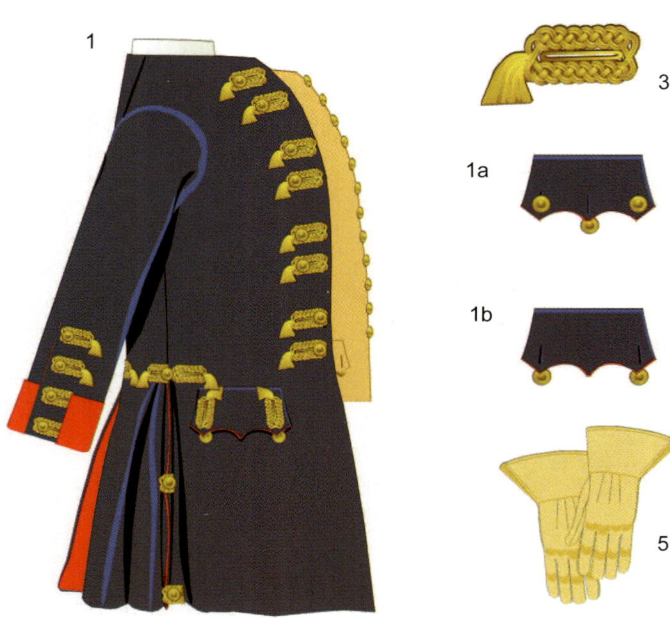

Zur Einführung der neuen Uniform 1735 heißt es "Ober-Offiziers-Stickerei soll bleiben wie itzig", "Knöpfe bleiben in der bisherigen Art"[1].

1: Rock[15]. Bis 1753 hatten die Offiziersröcke noch die vorspringende *stehende Brust (siehe S. 35, S. 39 und S. 55)*. Der Rock war mit rotem *Etamin* gefüttert, einem besonders feinen und teueren Gewebe. **1a:** Taschenklappe mit Knopfanordnung unter Friedrich Wilhelm I. **1b:** Taschenklappe mit Knopfanordnung unter Friedrich II[4]. **2:** Hut bis etwa 1760, Hut nach 1760. Die Quasten des Hutkordons waren aus Goldschnur. **3:** Goldene Offiziers-Schleifen nach Tressenmusterbuch 1755[24]. Der Rock hatte 12 Schleifen auf der Brust, 4 unter der Brust (beidseitig je 2), 8 auf den Ärmeln, 4 auf den Taschenpatten, 8 in der Taille, je 2 in den seitlichen Falten. Die beiden untersten Schleifen auf der rechten Rockseite haben in einigen Darstellungen Knöpfe zum Schließen des Rockes, in anderen zeigen sie dort keine. Alle 38 Schlingen für einen Offiziersrock kosteten zusammen 14 Reichstaler 8 Groschen. Die Größe der Schleifen war zumindest bis zur Einführung des Tressenmusterbuches nicht genormt, auch ihre Abstände untereinander konnten abhängig von der Größe des Trägers variieren, wie am Beispiel eines Offiziersrockes des Prinzen Ferdinand von Nr. 6 um 1740 zu sehen ist[15].

Die Schöße des Offiziersrockes wurden im Gegensatz zu denen der Mannschaftsröcke nicht aufgehakt. Majors und Adjutanten die im Dienst beim Exerzieren zu Pferd waren, hatten sie zusammengehakt. Dazu dann hohe Stiefel mit Anschnallsporen. Wenn sie aber als Chefs ihre eigene Kompanie kommandierten, geschah dies zu Fuß, dabei wurden Stiefeletten getragen. Die Schoßfalten konnten der Mode der Zeit gemäß durch ein entsprechendes Unterfutter aufgesteift sein, so daß sie seitlich mehr oder weniger stark abstanden[4]. Friedrich der Große trug sie in dieser Form.

4: Unterkleidung und offizierstypische Trageweise des Degengehenks unter der Weste. **4a, b:** Brust- und Ärmelfalten am Offiziershemd. **6:** Offizier, großer Dienstanzug. Sowohl im Dienst als außer Dienst war in der Garnison stets komplette Uniform inklusive Degen zu tragen. Lediglich Schärpe und Ringkragen wurden nach Dienstschluß abgelegt.

Auch im Feld wurde der kostbar bestickte Rock getragen. Erst mit Ordre vom 17. Dezember 1799[42] wurde eine Interimsuniform nach neuem Muster für den Feldeinsatz und den "ordinären Garnsisonsdienst" eingeführt. **7:** Offizier feldmarschmäßig. Im Falle der Mobilisierung waren auf dem Marsch auch die Kompanie-Offiziere beritten, die Pferde wurden vor dem Ausmarsch beschafft. Saß der Offizier auf, hakte er die Rockschöße zusammen. Neben seinem Reitpferd war einem Leutnant auch ein Packpferd gestattet. Um den Regimentstrain nicht zu groß werden zu lassen, war im Reglement 1743 in der "Ordre, wie viel Equipage die Oficiers mit zu Felde nehmen sollen" im einzelnen vorgeschrieben, was an persönlichem Gepäck von jedem Offiziersdienstgrad mitgeführt werden durfte.

Da die drei Subalternoffiziere einer Kompanie zusammen in einem Zelt lagen, wurde ihr gemeinsames Gepäck auf drei Packpferden verteilt: Pferd 1 trug Zelt nebst Stangen, 2 Krippen, 2 Piquet-Pfähle. Pferd 2 trug drei kleine Betten mit Gestell, einen Tisch, 3 Stühle, 2 Piquet-Pfähle, einen Kessel, zwei Flaschen, Fouragier-Stricke. Pferd 3 trug 2 Piquet-Pfähle, zwei Sensen mit dazugehörigen Stielen ("Bäumen"). Dazu für jeden Offizier ein Felleisen aus steifem Leder, 1 1/2 Ellen lang und etwa 1/2 Elle hoch, mit je einem Rock, zwei Kamisölern, zwei Paar Hosen, zwei oder drei Paar Schuhen, Strümpfen, Unterwäsche und notwendigen Kleinigkeiten. Ein zusätzlicher Hut von jedem Offizier wurde auf dem Kapitänswagen mitgeführt[41].

8: Feldmäßiges Sattelzeug der Kompanieoffiziere. Vorschriften hinsichtlich der Beschaffenheit oder der Farbgebung gab es nicht. Die Abbildung orientiert sich an Gemälden der Zeit. Sie zeigen Halbschabracken. Bei den Überlegedecken der wohlhabenderen Stabsoffizieren sieht man reiche Stickerei mit Rankenwerk im Rokoko-Stil. Typisch für die Zeit bis zum Ende des 18. Jahrhunderts ist die abgerundete Form der Holsterkappendecken (*Schabrunken*). Gezeigt ist hier eine schlichtere Ausführung mit Randeinfassung aus Metalltresse und ebensolchen Fransen. Friedrich Wilhelm I. verwendete als Interims-Schabracke eine schmucklose rote Decke mit goldener Einfassungstresse ohne Fransen. Unter Friedrich II. kam die Mode auf, den Metallbesatz in der Gegenfarbe zum Regimentsmetall zu wählen[15]. Röchling stellt in seinem Gemälde des bei Hohenfriedberg 1741 vorgehenden Grenadier-Garde-Bataillons eine dunkelblaue Schabracke mit silbernem Besatz dar[2]. Im Feld waren schwarze Samthosen beliebt, wie sie Friedrich der Große auch trug - wenngleich der König sie verboten hatte[15]. Das Sponton wurde, wenn während des Marsches der Offizier ritt, von einem Offiziersburschen getragen[15]. Eine bestimmte Anzahl von Offizieren sollte stets zu Fuß in der Marschkolonne marschieren.

9: Offizier in Unterkleidung. Wurde ein Offizier von einem anderen beleidigt, war die Forderung des Beleidigten nach *Satisfaktion* die üblich Folge. Auch Vorgesetzte, die einem Offizier in ehrverletzender Weise mit dem Stock drohten oder ihn beschimpften, durften zum Duell gefordert werden. Die Forderung nach Genugtuung durfte indes erst nach Ablauf des Tagesdienstes vorgebracht werden[41]. Offiziell war das Duellieren verboten, wurde jedoch geduldet. Ein Offizier, der auf eine vermeintliche Ehrverletzung hin den Kontrahenten nicht zum Duell forderte, verlor bei den Offizierskameraden sein Ansehen.

10: Offizier 1798[45]. Das Erscheinungsbild entspricht zwar der Uniform des alten Königsregiments, ist aber mit ihrem enganliegenden Schnitt, dem höheren Kragen und dem Zweispitz der Mode der Zeit angepaßt.

DIE UNIFORMIERUNG AB 1736: UNTEROFFIZIERE

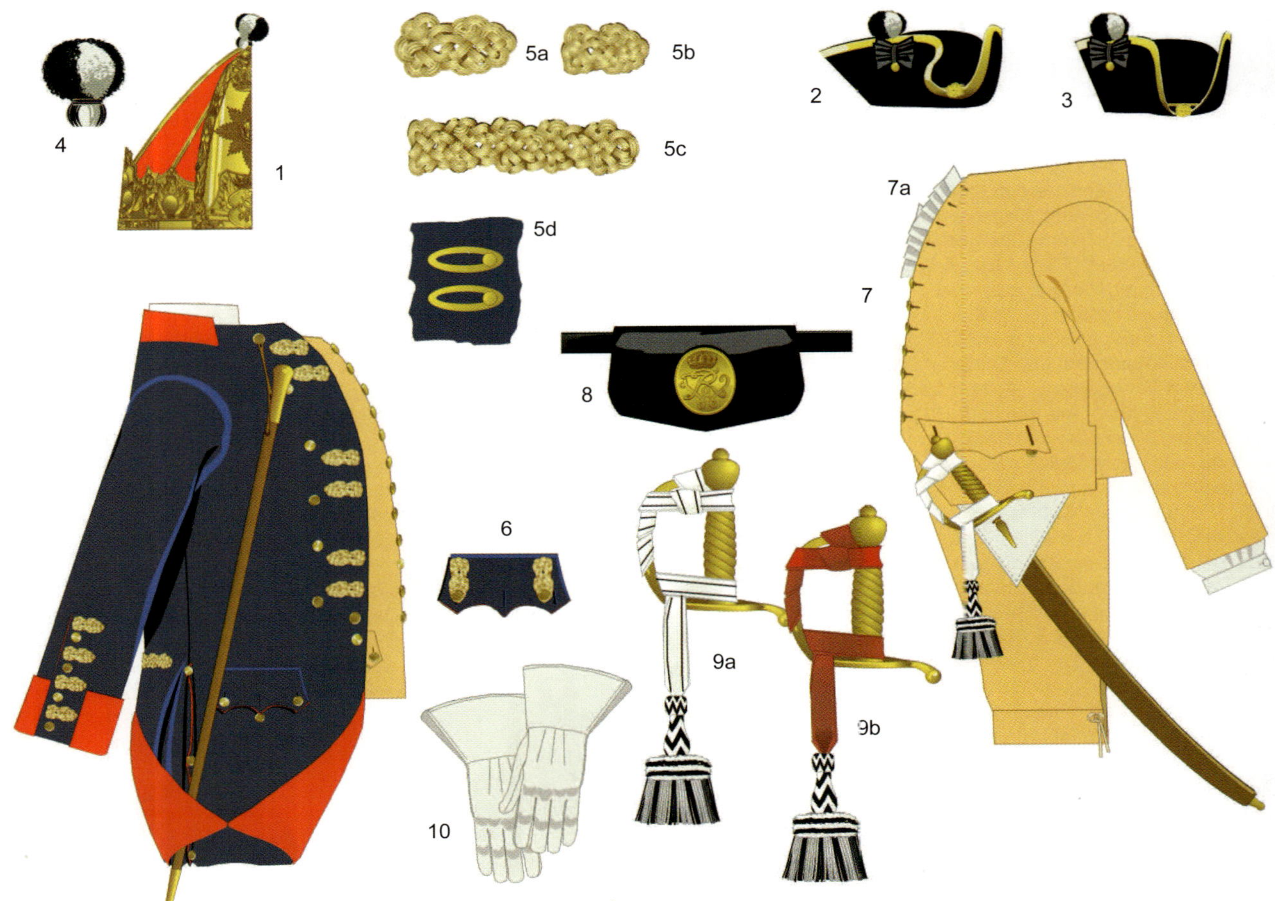

1: Grenadiermütze der Unteroffiziere. **2:** Der Hut bis ca. 1760. **3:** Hut ab ca. 1760. Die Unteroffiziere trugen eine Hutschleife. **4:** Unteroffiziersmützen- und Hutpuschel. **5:** Unteroffiziers-Schleifen nach Tressenmusterbuch 1755[24]. Die Schleifen waren aus unechten Metallfäden - im Gegensatz zu den massiv goldenen der Offiziere. **5a:** 12 auf der Brust, **5b:** 8 auf den Ärmeln, **5c:** 2 hinten in der Taille. **5d:** Die Dessauer Spezifikation von 1737 zeigt auf der stehenden Brust (siehe Text S. 46) und den Aufschlagpatten des Rockes der Unteroffiziere und Gemeinen ringförmig-ovale goldene Besatzschleifen, auf deren von der Rockkante wegzeigendem Ende jeweils der Knopf sitzt[11]. Die Beschreibung von Realstücken[42] von 1745 bestätigt die Darstellung des von Menzel bzw. bei Bleckwenn gezeigten Besatzmusters, dessen Beschreibung sich bei Jany für 1740 findet. **6:** Der Rock der Unteroffiziere hatte an den Rockschößen keine Knopfpatten, sondern Haken[15] - auch damit wurde ein höherer Status dokumentiert, der sich dem Offizier annäherte. Platte Messingknöpfe vergoldet. Kein Achseldragoner. Bis etwa 1753 hatten die Unteroffiziersröcke die stehende Brust[42]. Die Rockschöße waren, wie übrigens auch bei den Mannschaften, mit hoher Wahrscheinlichkeit aus rotem Tuch, nicht aus dem stumpfroten billigeren Futterboy der normalen Feldinfanterie-Regimenter[15].

Für die Röcke aller Dienstgrade gilt: An den Kanten der Taschenpatten oder der Ärmelaufschlagpatte konnte das rote Futter zum Vorschein kommen, es handelte sich nicht um einen aufgesetzten Vorstoß. Auch die Unteroffiziere trugen eine Busenkrause (**7a**)[4]. **6a:** Zwei Litzen auf der Tasche nach Thümen[19]. **7:** Trageweise des Säbelgehenks. Die Unteroffiziere der Langen Kerls trugen es wie die Offiziere unter dem Kamisol, auch die weiße Halsbinde nach Art der Offiziere. **8:** Kartusche am Bauchriemen zum gezogenen Bajonettgewehr. **9a:** Unteroffiziers-Säbeltroddel. **9b:** Rotjuchtener Riemen ab etwa 1760/70. **10:** Lederne Handschuhe der Unteroffiziere, seit Reglement 1726 weiß. Der Korporalstock wurde für gewöhnlich rechts oben an der Brust angeknöpft getragen sobald das Kurzgewehr zur Hand genommen wurde - im Gegensatz zum Offizier auch wenn der Unteroffizier in der Bataillonslinie eingetreten war und bei Revuen.

Gegenüberliegende Seite.

11: Flügelgrenadier-Sergeant mit Pike ab 1756. Reglementsmäßige Haltung "Das Kurzgewehr beim Fuß". Die Pike wurde nach dem Reglement für Kurzgewehre gehandhabt. Sergeanten und Korporale waren abgesehen von der Art des Kurzgewehrs äußerlich nicht voneinander zu unterscheiden.

12: Flügelgrenadier-Korporal mit gezogenem Bajonettgewehr, das ab 1744 alle Grenadier-Korporale führten. 1787 wurden die gezogenen Gewehre bis auf eines pro Kompanie wieder eingezogen und durch das neue Kurzgewehr M 1786 ersetzt. Das eine gezogene Gewehr behielt der Unteroffizier, der den neu eingerichteten Schützenzug führte. Diese Waffe hatten eine Schußweite von 500 Schritt, die Unteroffiziere nahmen damit als Scharfschützen nur ausgewählte Ziele auf's Korn. Die Kartusche am Bauchgurt enthielt 20 Patronen, angeordnet in zwei Reihen - die Korporale stellten ihre Patronen im Gegensatz zu den Gemeinen selbst her.

13: Unteroffizier Große Grenadiere mit Kurzgewehr neuerer Art M 1755, feldmarschmäßig. Reglementsmäßige Haltung "Das Kurzgewehr auf die Schulter". Im Feld sollten alle Unteroffiziere, auch die der Normalkompanien, zu ihren Kurzgewehren noch ein Gewehr tragen. Kling zitiert einen diesbezüglichen Befehl auch für die Sergeanten, an anderer Stelle in den bei Kling angeführten Zitaten heißt es, daß die Sergeanten zur Pike kein Gewehr tragen sollen. Der Kupferstecher Chodowiecki zeigt in seinen Radierungen über die Zeit Friedrich Wilhelms I. einen Musketier- und einen Grenadierkorporal jeweils mit Kartusche am Bauchriemen[56,12].

Freikorporal, Fahnenjunker, Portepeefähnrich[13]

Die Reglements 1726 und 1743 schrieben vor, daß unter den Unteroffizieren jeder Kompanie zwei von adliger Herkunft zu sein hatten. Einer der beiden sollte *Gefreiten-Korporal* sein und die Kompaniefahne tragen. Er wurde auch als *Fahnenjunker* bezeichnet, war Offiziers-Aspirant und meist noch sehr jung. Er rangierte zwischen dem Korporal und dem Sergeanten und trug die Uniform des Unteroffiziers mit der Unteroffizierstroddel am Säbel. Seit 1763 erhielten die fünf ältesten Gefreitenkorporale das Fähnrichs-Patent und das Offiziersportepee am Mannschafts-Säbel. Sie hießen *Portepee-Fähnriche* und trugen die Fahnen. Die Gefreiten-Korporale ohne Patent wurden als *Troddeljunker* bezeichnet. In der Flügelgrenadierkompanie gab es den Gefreitenkorporal nicht, da hier keine Fahne geführt wurde.

14: Säbel für Portepee-Fähnrich und Feldwebel. Seit 1789 trugen bei der Infanterie auch die Feldwebel als älteste Unteroffiziere der Kompanie das Offiziersportepee am Mannschaftssäbel. Seit 1741 war dies beim I. Bataillon Garde der Fall. Die Feldwebel des II. und III. Bataillons Garde und somit sicher auch die des gleichgestellten Nr. 6 erhielten das Portepee später, der Zeitpunkt der Einführung ist indes nicht bekannt. 1802 erhielten die Feldwebel des Grenadier-Garde-Bataillons Patent und Rang eines Fähnrichs v. d. Armee[13].

11

12

14

13

DIE UNIFORMIERUNG AB 1736

Die Uniform, die das Königsregiment beim Tod Friedrich Wilhelms I. 1740 trug, war 1735/1736 eingeführt worden. Der weiße Streifen an der Halsbinde war noch 1736 der darüber geklappte Hemdkragen. Auch die Griffe der Säbel[19] sollen wie die Parade-Mützenbleche aus Tombak gewesen sein. Im Januar 1735 ergingen Anweisungen Friedrich Wilhelms I. zur Anfertigung neuer Hüte, Röcke, Kamisöler, Hosen und von Lederzeug[1]. Die bisherige Offiziersstickerei soll auf den neuen Röcken übernommen werden, ebenso die Knöpfe und Besatzborten der Spielleute-Uniform. Von der *Charmierung*, also dem Schleifenbesatz der Unteroffiziere und Gemeinen, sollten "Proben angefertigt" werden, also Muster, die als verbindliche Arbeitsvorlagen für die Hersteller zu vervielfältigtigen und zu siegeln waren. Der bei Lehmann für den Zeitraum 1740-45 ("Einsiedel") beschriebene Rock[42] wird von Menzel mit der Bemerkung "diese Uniform hatte das alte Königsregiment seit etwa 1736 gehabt" an seinen Figuren von Nr. 6 für 1745-60 "Grenadier-Garde v. Retzow" gezeigt[4]. **(S. 45, Abb. 1[15])**. Die Dessauer Spezifikation 1737[11] zeigt demgegenüber abweichend eine ovale Besatztresse mit daraufsitzendem Knopf. 1736 trugen das komplette I. Bataillon sowie die Flügelgrenadiere des II. und III. Bataillons die Grenadiermütze, die anderen Kompanien den Hut[1].

Die bei der Regierungsübernahme durch Friedrich II. aus Teilen des Regiments formierte *Königs Grenadier-Garde* sollte als Vermächtnis des Soldatenkönigs "in Ordnung, Montierung, propreté, insbesondere auch Gewehren und Patrontaschen, in summa in allen und jeden, wie es nur Namen haben mag, ohnverändert bleiben"[7]. Dieser Anspruch war jedoch tatsächlich nur bedingt umsetzbar und wesentliche Stiländerungen im Bekleidungswesen fanden auch bei Nr. 6 ihren Niederschlag. Auch die jeweils neu eingeführten Waffenmuster kamen selbstverständlich bei den Langen Kerls zur Einführung, so u.a. die neuen Piken für Grenadier-Sergeanten 1756 - n a c h d e m die Garde Nr. 15 diese erhalten hatte, jedoch b e v o r sie dann bei den Feldinfanterie-Regimentern eingeführt wurden. Schließlich handelte es sich bei den Langen Kerls um eine Kampftruppe, von der besondere Leistungen gerade auch im Feld-Einsatz erwartet wurden.

Noch am Feldzug 1792/93 nimmt die Truppe in der alten spitzen Grenadiermütze von 1729 teil, die bei der restlichen Infanterie längst abgeschafft war. Als Hutmuster wurde von Friedrich Wilhelm II. 1787 das Kaskett anstelle des Dreispitzes eingeführt. Die Grenadiermütze mit Blechfront und -kranz wird zwar bis 1806 noch beibehalten, seit 1799 aber nur noch an Sonntagen, Fest-, Revue- und Manövertagen getragen. Mit Ordre vom 16. Juli 1803 wird bestimmt, daß die "messingnen" Kampagne-Mützenbleche deshalb zugunsten der Anfertigung der Bleche aus Tombak zum Einschmelzen abzugeben seien[42]. Die Patronentaschenbleche aus Tombak sind auch beim Grenadier-Garde-Bataillon noch die alten des Königsregiments[15] mit preußischem Wappen und Kriegsarmaturen. Im Sommer trugen die Mannschaften anstelle der Kniehosen aus Wolltuch ungefärbte Leinenhosen. Den Offizieren wurden diese erst mit dem Reglement 1802 gestattet[42]. Das Hemd wurde privat beschafft. Um unter dem offenen Teil des Rockes ein einheitliches Aussehen zu gewährleisten war über dem Hemd auf der Brust ein *Colleret* genanntes "Vorhemd" anzubringen, dessen obere Kante sich unter der Halsbinde verbarg. Es handelte sich um ein vorschriftsmäßig gefertigtes Stoffstück mit eingenähten Falten.

Dienst- und Felduniform 1799-1806

Uniformrock und Weste bekamen 1799 den knappen modernen Schnitt **(Abb. S. 50)**. Das Schoßfutter war nun nicht mehr wirklich umgeklappt sondern auf der Außenseite durch aufgenähte Stoffstücke imitiert, der Kragen höher. Dazu eine auf dem Vorhemd aufgenähte und für alle gleich kleine Busenkrause (*Jabot*)[13,42]. Unter Friedrich Wilhelm II. reichte der Zopf nur noch bis zur Mitte des Rückens, Friedrich Wilhelm III. ließ ihn bis an den unteren Rand des Kragens kürzen. Das Reglement 1802 sah erstmals Schuhe vor, deren Spitzen nicht mehr eckig waren. Mit Ordre vom 17. Dezember 1799 erhielt auch das Grenadier-Garde-Bataillon für den Feldeinsatz und den ordinären Garnisonsdienst eine zeitgemäße Uniform nach aktuellem Muster der Infanterie mit roten Brustrabatten (*Klappen*). Auch die Offiziere erhielten Interimsröcke mit Brustklappen **(S. 50 Abb. 1)**, dazu knielange Stiefel nach einheitlichem Muster, ein Überrock **(S. 51 Figur 1)** konnte getragen werden. Dieser Anzug war für den täglichen Dienst, auf Märschen und im Feldeinsatz vorgesehen. Lediglich zu Paraden und Sonntags war der mit den Goldschleifen üppig besetzte Rock zu tragen, wie bisher zusammen mit schwarzen Stiefeletten und Sponton. Die Feldbinde war anders als früher jetzt ganz breit zu wickeln.

Da es keine Mäntel für die Leute gab und die Brustklappen der Röcke fest aufgenäht waren, war im Feldeinsatz der Schutz gegen schlechtes Wetter sehr unzureichend. Erst bei der Mobilmachung erging ein Befehl des Königs, die Röcke so umzuschneidern daß die Klappen gemäß den Witterungsverhältnissen bei Bedarf tatsächlich übergeschlagen werden konnten. Daß diese Umarbeitung der Röcke rechtzeitig zum Feldzug 1806 tatsächlich noch vorgenomen wurde, wird bezweifelt. Goldener Bortenbesatz auf dem Rock. Ab 1802 sind die Patronentaschenbeschläge gegossen, nicht mehr aus Blech geprägt. Ein mit Ordre vom 28. Juli 1806 als neue Kopfbedeckung vorgesehener Tschako mit Messingstern kam wegen des Feldzuges nicht mehr zur Einführung[13].

Feldequipage bis 1806, Abbildungen S. 47

Der Kalbfelltornister sollte hoch hinter dem linken Arm getragen werden, darunter der Brotbeutel. **Abb. 3:** Kalbfelltornister[52,55,24], die Maße eines auf 1787 datierten Originalstückes[24]: Höhe 23cm, Breite 30 cm. Inhalt 1756[13]: Messer, Löffel, Gabel, Schuh- und Kleiderbürste, Puderbeutel und Kamm, ein Paar Strümpfe und Talglappen, Feldmütze, zwei Hemden, zwei Collerets, zwei Paar Kamisol-Ärmel, Aderlaßbinde, zwei Paar Leinenhosen. Die am Tornisterriemen jedes Gemeinen hängenden drei bis vier Zeltpflöcke wurden vor dem Ausmarsch von den Leuten selbst geschnitzt. Im Falle einer Mobilmachung bekam jede Kompanie einen Rüstwagen für Zelte und weiteres Gerät.

Tragbares Schanzwerkzeug wurde am Mann mitgeführt. **Abb. 1, 2:** Schaufeln, Hacken, Zeltbeile im schwarzledernen Futteral wurden seit 1735 auf die Kompanie verteilt getragen, unter dem Patronentaschenbandelier. Die Leute im ersten Glied trugen die Zeltbeile, im zweiten Schippen **(Abb. 2)** die im dritten Glied Kreuzhacken[13] **(Abb. 1)**. Zeltflaschen aus Zinn **(Abb. 5)** ab etwa 1754, eine pro Zeltgemeinschaft und ab 1788 zwei[52]. Je Zeltgemeinschaft außerdem ein Feldkessel im Überzug, der ebenfalls umschichtig getragen wurde. **Abb. 4:** *Brotbeutel, Schnappsack*. Der Leinwandbeutel enthielt Brot für drei Tage (Der Mann bekam im Feld pro Tag 2 Pfund Brot geliefert[41]) nebst etwaigem weiteren Proviant, z.B. Reis. Zeitweise saß der Brotbeutel unter der Patronentasche. Trageriemen weißledern[13], auch aus Leinen[4]. In einer Anordnung des Königs 1806 heißt es : "28. Juli. Die Brotbeutel können beim Grenadier-Garde-Bataillon beibehalten werden...sie brauchen nur mit dem etatsmäßigen leinenen Bande, nicht mit Lederriemen versehen sein"[42]. Verschluß mittels Knopf[52,55] oder Schnalle[4].

Der Soldat trug im Feld: Gewehr ca. 4,5 kg. Patronentasche feldmarschmäßig mit 60 Patronen, voller Brotbeutel sowie Zeltflasche oder Schanzgerät je 3-3,5 kg. Bajonett mit Bandelier ca. 400g, Säbel ca. 900g. Der Tornister wurde vor einem Gefecht nach Möglichkeit bei den Wagen abgelegt oder verblieb im Feldlager. Unteroffiziere trugen lediglich Tornister und Brotbeutel, nach Belieben links oder rechts an der Hüfte[13].

1: Rock. Auf der rechten Rockseite unterhalb der Taille 2 Knöpfe als Gegenpart zu den Knopflöchern an der linken Seite. Das Rockfutter (bei den Schoßumschlägen nach außen gewendet) war vermutlich aus dem feineren roten Tuch der Ärmelaufschläge und Kragen[15]. Besatzborten nach Tressenmusterbuch 1755. Bis ca. 1753 hatte der Rock die vorspringende *stehende Brust*[15] (Abb. S. 46 Figur 2). Die Zeichnungen der Dessauer Spezifikationen[10,11] deuten den Vorsprung lediglich an. **1a:** Borte für Brust und Ärmel sowie **1b** für die Taillen-Rückseite. Anordnung: 12 Borten auf der Brust, 8 auf den Ärmeln, 2 hinten. **1c:** Knopf der Grenadiergarde-Mannschaftsröcke nach Bleckwenn. **1d:** Roter Schulterdragoner ab etwa 1743[42], für 1770 an Figur im Tableau der preuss. Armee[22]. **2:** Halsbinde. **3:** Grenadiermütze, seit 1800 nur noch Sonntags und zur Parade getragen. **4a:** Hut bis ca. 1760, **4b** ab ca. 1760. **5:** Kamisol ca. 1750-86. Königliche Ordre vom 25. Januar 1803: "Das Grenadier-Garde-Bataillon erhält statt der paille weiße Unterkleider"[42]. Thümen stellt sie, eindeutig nach Ramm, schon für 1797 als weiß dar. **6:** Leinene Sommerhose.

7: Stiefeletten. **7a:** Seit 1744 wurden wieder solche aus schwarzem Wolltuch für Winter und schlechtes Wetter neben den weißen eingeführt. während sie laut Reglement nach wie vor seit 1726 verboten blieben. Ab 1773 sollten die Gamaschen nur noch bis zur Mitte des Knies reichen - Darstellungen aus den 1750ern zeigen allerdings diese Länge bereits. Seit den 1740ern sind die Knieriemen nicht mehr im Gebrauch gewesen, der genaue Zeitpunkt der Abschaffung ist unklar. **7b:** Weiße Stiefeletten wurden nach dem 7-jährigem Krieg nur noch von den vier Gardebataillonen getragen[13]. **7c:** Stiefelette 1785 zur Parade. **7d:** Bis 1806 zum gewöhnlichen Dienst. Unter den Stiefeletten wurden wollene weiße Strümpfe, im Sommer auf dem Marsch mit Talg eingeriebene Leinenstrümpfe oder Fußlappen getragen **8:** Säbelgehenk, nach 1786[13].

Noch bis nach 1770 wurde der Rock auch offen getragen, danach erst grundsätzlich über der Brust zusammengehakt. Die Röcke waren mit reichlich Nahtzugabe gefertigt. Zu Beginn der kalten Jahreszeit wurden die Nähte dann ausgelassen, so daß bei Bedarf mehrere Hemden und Kamisols darunter angezogen werden konnten. Mäntel gab es für die Infanterie nicht. Das Kamisol wurde im Winter und im Lager mit Ärmeln getragen, im Sommer ärmellos. Aus alten Kamisols, teilweise auch Röcken, fertigten sich die Leute Handschuhe, Schlaf- und Lagermützen.

Auf tadellosen und faltenfreien Sitz der Uniform wurde allergrößter Wert gelegt. Die Bekleidung wurde selbst dem Gemeinen vom Kompanieschneider auf Körpermaß angepaßt. Die Hosen wurden feucht angezogen, damit keine Falten auftraten. Die Stiefeletten waren so eng geschnitten, daß sie dem Mann schon nach kurzem Stehen die Blutzufuhr in den Beinen abschnürten. Um das Knie herum waren sie mit Stecknadeln dicht anzustecken.

Alte Bestände des Königs-Regiments wurden von den beiden 1742 errichteten Kompanien *Charlottenburger Garnisons-Grenadiere* aufgetragen, deren Uniform inklusive des Mützenblechs, der Unterkleider, Halsbinden und Mützenpuschel von Nr. 6 damit der der Langen Kerls sehr ähnlich sah. Die Mannschaftsröcke hatten jedoch keinen Bortenbesatz, ebensowenig besaßen die Offiziersröcke Stickereien und die Tambourborte hatte statt der goldenen Streifen gelbe[7,15].

1: Gemeiner ca. 1735-60 mit Kopfbedeckung für den gewöhnlichen Dienst. **2:** Großer Grenadier, I. Bataillon des Königsregiments mit Sommer-Leinenhose. Der Rock hat die bis ca. 1753 getragene, zur Körpermitte vorspringende *stehende Brust*. Von der Schloßseite des Gewehrs sieht der über die Batterie gestülpte rotlederne Pfannendeckel hinter dem Lauf hervor. **3:** Grenadier-Garde-Bataillon ca. 1744-60 im Anzug für Winter oder schlechtes Wetter. **4:** Grenadier-Garde-Bataillon ca. 1760-97, präsentierend. **5:** Grenadier-Garde-Bataillon in Anzug für Winter oder schlechtes Wetter ca. 1760 -1797. **6:** Grenadier-Garde-Bataillon 1798-1806 zu Parade, Manöver, Feiertagen[45] und sonntäglicher *Kirchenparade*.

Gegenüberliegende Seite:
1: Tornister[24,5], **2:** Brotsack, **3:** Zelt- oder Feldflasche, **4:** Schippe, **5:** Hacke[13]. **6:** Feldmütze, Lagermütze[13]. **7:** Lageranzug. Die Kamisol-Ärmel oder das Säbelgehenk wurden dazu jeweils auf Befehl getragen[13]. **8:** Grenadier-Garde-Bataillon, feldmarschmäßig, ca. 1754-1787. **9:** Gemeiner aus dem zweiten Glied, feldmarschmäßig, ca. 1735-1760. **10:** Grenadier-Garde-Bataillon mit Feldausrüstung, etwa 1760er-1787. **11:** Unteroffizier einer Normalkompanie, feldmäßig ab etwa 1760 mit Stiefeletten für Schlechtwetter.

Feld-Equipage
1
2
3
4
5
6
7
8
9
10
11

ZIMMERLEUTE, SPIELLEUTE, HOBOISTEN

Das Reglement von 1726 schrieb fünf Zimmerleute pro (Flügel-) Grenadierkompanie vor, das von 1743 dann je sechs, 1749 waren es je sieben. Die Zimmerleute sollten die kleinsten der Flügelgrenadiere sein, aber kräftige Männer. Wie alle Grenadiere waren ihnen Schnurrbärte "nach polnischer Manier" gestattet, keine Vollbärte. Die Bewaffnung bestand zunächst aus gekürzten Gewehren nebst Bajonetten sowie dem Infanteriesäbel.

Ausbildung und Tätigkeit am Geschütz

Nach Einführung der leichten 3- und 6-Pfünder Regiments- bzw. Bataillonsgeschütze bei der Infanterie 1742 wurden die Zimmerleute im Feldeinsatz zu Hilfsartilleristen unter dem Befehl eines Geschützführers von der Artillerie bestimmt. Beim Aufstellen zum Chargieren stehen die Zimmerleute an der rechten Flanke, wo die Kanonen der Bataillone ihren Platz haben. Nach 1745 rechnete man auf eine Kanone zur Bedienung acht bis zehn Mann unter Einschluß einiger Infanteristen und vier Zimmerleuten. Waren keine Kanonen bei den Bataillonen, trugen die Zimmerleute ihre Patronentaschen, Schurzfelle und Äxte - während des Dienstes an den Geschützen wurden diese störenden Ausrüstungsstücke abgelegt[13]. Unter Friedrich II. wurden die Zimmerleute nur im Mobilmachungsfall zur Truppe eingezogen.

Mobilmachungsvorschriften von 1780/81

Die Änderung der Mobilmachungsvorschriften von 1780/81 hinsichtlich der Regimentsartillerie hatte eine notwendige Verstärkung der Geschützbedienung zur Folge. Somit wurde eine Vermehrung der Zimmerleute in den Grenadierkompanien von bisher sieben auf nun je zehn Mann erforderlich[8].
Beim Bataillon Grenadier-Garde stieg die Zahl der Zimmerleute in den Etats von bisher neun auf zwölf Mann. Da das Bataillon aber tatsächlich bis dahin nur sieben Zimmerleute gehabt hatte, betrug die neue wirkliche Gesamtzahl nun zehn. Im Zeitraum 1781-84 sind für das Grenadier-Gardebataillon "von Rohdich" lediglich drei Zimmerleute angegeben[13].

Ab 1787 sollte jedes Bataillon 18 Zimmerleute einschließlich eines Oberzimmermannes zur Bedienung der Bataillonskanonen haben. Diese sollten komplett die Geschützbedienungen ersetzen, die bis dahin im Mobilmachungsfall von der Artillerie zu stellen waren. Mit der Anordnung vom 20. März 1788 verloren die Zimmerleute ihre ursprüngliche Bedeutung ganz, indem sie nun treffender die Bezeichnung *Regimentsartilleristen* erhielten. Bei den Garden wurden die Zimmermänner 1790 durch wirkliche Artilleristen zur Bedienung der Bataillons-Kanonen ersetzt[8]. Das neue System sollte sich während des Feldzugs 1792 allerdings nicht bewähren, so daß 1796 wieder "richtige" Zimmerleute in die Regimenter kamen.

Abb. rechts: Oboe
Nach einem Oboenspieler der Janitscharenmusik des Freikorps Kleist[22].

Bildseite rechts: Spielleute und Hoboisten

1: Mohrenpfeifer des Königsregiments. Der Rock mit den *auf* die Bortenschleifen gesetzten Knöpfen entspricht der Darstellung im etwa 1738 entstandenen Gemälde von Huber[1] und in der Dessauer Spezifikation von 1737.
Figuren 2-7: Grenadier-Garde-Bataillon. 2: Pfeifer. **3:** Hoboist mit Oboe. **4:** Chorführer (*Premier*). Vorlage war die zeitgenössische Zeichnung eines Hoboistentrompeters, Regiment zu Fuß Nr. 29[15].
5: Tambour feldmarschmäßig. **6:** Tambour, zur Parade. **7:** Bataillonstambour des Grenadier-Garde-Bataillons. Die Pfeifer und Hoboisten tragen die weiße Troddel der Leibkompanie (siehe S. 53 *Stab und Unterstab*). Der Chorführer trug als Vorsteher der Hoboisten sicher keinen Mannschafts-Säbel, sondern den Degen des Unterstabs-Musters mit versilbertem Gefäß und ohne Offiziers-Portepee. Abbildung des Tambour- und Musiker-Rockes ab ca. 1736 siehe S. 31.

Abb. links: Zimmerleute

1: Zimmermann feldmarschmäßig. Mit Ordre des Königs von August 1753 sollten von den Zimmerleuten die Gewehre nebst Bajonett und den kleinen Kartuschen ins Zeughaus in Berlin abgeliefert werden[13]. Die Trageweise der Axt ist hier nach dem Reglement zum Marsch *verkehrt geschultert*. Wenn die Kompanie das Gewehr *ordentlich* trägt, also "scharf" geschultert, d. h. senkrecht an der Schulter in der linken Armbeuge, steht die Axtschneide nach vorn.
Werden die Gewehre *verkehrt geschultert* (also mit dem Kolben nach oben) oder *überhängend* - der Lauf nach hinten schräg über die Schulter ragend - hängt die Axtschneide hinter der Schulter nach unten. Wenn aber das Bataillon das Gewehr *auf dem Fuß* hat, nehmen die Zimmerleute die Äxte "bey den Fuß" und "setzen die Axt mit dem Stiel, auf die Erde. Der Axtstiel ist im Reglement bergmännisch als "Helm" bezeichnet.
2: Zimmermann nach 1753.
3: Grenadier-Zimmer-Axt ca. 1740/48[4]. Nach der Beschreibung eines Originals des Regiments Markgraf Karl[42] "auf der Axt eine goldene Granate graviert". Menzel[4] zeigt bei seinem Zimmermann auf dem Axtkopf ebenfalls ein vergoldetes Emblem, offenbar gekreuzte Kanonenrohre. Der Axtstiel wurde nebenstehend in der hellbraunen Schaftfarbe der Langen Kerls gewählt, die bei Lehmann beschriebene Axt hat einen schwarz lackierten Stiel.

Spielleute und Hoboisten

DIE UNIFORMIERUNG 1798-1806

1799 wurde eine zeitgemäße Interims-Uniform mit zugehakten roten Brustklappen für den gewöhnlichen Dienst eingeführt. Offiziere, Unteroffiziere und Mannschaften trugen nun das Säbel- bzw. Degengehenk ü b e r dem Rock. Die Brustklappen konnten nicht übergeknöpft werden. Die Taillenschlaufen entfallen bei den Unteroffiziers- und Mannschaftsröcken 1806. Für den Winter gab es Unterkamisole, dazu Überhosen aus ungeblichenem Leinen, die über den weißen Kniehosen und den Stiefeletten auch im Feld und auf dem Marsch getragen wurden. Die Farbe der Leinenhosen reichte vom ausgeblichenen Weiß bis zum Graubraun. Mäntel gab es nicht. Handschuhe und Lagermützen (**S. 47 Abb. 6**) aus blauem Wolltuch alter Röcke. Das Kaskett wurde durch den Hut 1798-1806 ersetzt. Zu Paraden und im Feld daran Federstutze[19,13]. 1798 entfielen die Seitenlocken der Zopf reichte bis zum unteren Kragenrand, Koteletten bis zum Ohrläppchen waren erlaubt. Flügelgrenadiere sollten Schnurrbärte tragen. Zu Paraden wurde das Haar gepudert. Das Feldgepäck (**S. 47**) blieb unverändert wie unter Friedrich II. Eine 1797 und 1806 bei der Garde versuchsweise ausprobierte Trageweise mit zwei Schulterriemen kam erst 1809 zur Einführung.

Offiziere. Zu den weißen Kniehosen konnten statt der Stiefeletten kniehohe Stiefel getragen werden. Auf Märschen und im Feld war ein rotgefütterter langer blauer Überrock mit rotem Kragen und ebensolchen Ärmelaufschlägen erlaubt[13]. Feld- und marschmäßig waren 1806 graumelierte Überhosen mit rotem Vorstoß und Knopfleiste vorgeschrieben, die bisher üblichen dunkelblauen Überhosen konnten aufgetragen werden. Die seit Friedrich Wilhelm I. mit erhabenem Muster geprägten Knöpfe werden 1798 durch blanke halbrunde ersetzt.

Schützen. Mit Ordre v. 3. März 1787 wurden bei der Infanterie 10 Schützen pro Kompanie eingeführt, die mit gezogenem Bajonettgewehr bewaffnet waren. Sie trugen Stutz und Säbeltroddel der Unteroffiziere. Seit dem 5. Mai 1793 hatten die Schützen bei jedem Regiment und seit dem 5. Dezember pro Bataillon einen Hornbläser.

Spielleute, Hoboisten. Das Reglement 1802 schrieb eine neue Art des Besatzes für die Röcke der Musiker vor. Die Spielleute hatten demnach den Tambourbortenbesatz ("Livreeschnur") auf Ärmeln, Schwalbennestern, Schoßumschlägen und der Oberkante der Ärmelaufschläge sowie um die hinteren Taillenknöpfe und auf den Bandeliers für die Trommel oder das Pfeifenfutteral. Bei Nr. 6 hatten die Ärmel vermutlich jedoch schon seit Einführung der Interimsuniform 1798 bis auf das Schwalbennest keinerlei Besatz mehr[13]. Die Borten auf den Brustklappen wie bei den Gemeinen. Der Rock der Hoboisten war der der Unteroffiziere mit dem Unteroffiziers-Tressenbesatz, dazu Schwalbennester aus goldener Bandborte.

Zimmerleute. Seit 1796 für jede Kompanie zwei "wirkliche" Zimmerleute. Keine Gewehre. Die Zimmeraxt war ein neu eingeführtes Modell. Ab 1805 trugen die Zimmerleute Hüte, die dazugehörigen Federstutze waren schwarz[13].

1

2

3

4

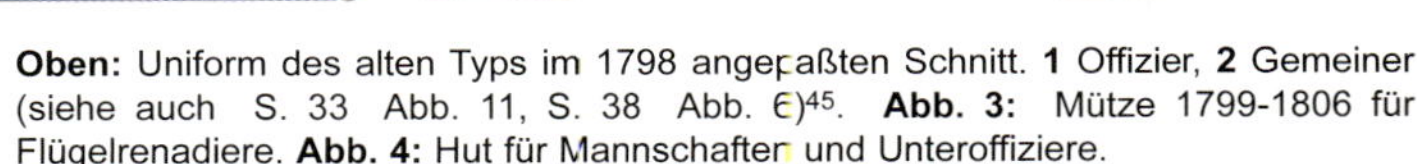
Oben: Uniform des alten Typs im 1798 angepaßten Schnitt. **1** Offizier, **2** Gemeiner (siehe auch S. 33 Abb. 11, S. 38 Abb. 6)[45]. **Abb. 3:** Mütze 1799-1806 für Flügelrenadiere. **Abb. 4:** Hut für Mannschaften und Unteroffiziere.
Unten: Offizier 1799-1806[19] **Abb. 5.** Zur Parade goldene Hutkordons und -Quasten. **Abb. 6:** Unteroffizier. Kopfbedeckungen für Flügelgrenadiere (links) und Normalkompanien (rechts). **Abb. 7:** Gemeine. Pantalons der Mannschaften. Trommel 1806[13].

Feldzug 1806

1: Offizier im Überrock. Das Degenfutteral wurde durch einen Schlitz unter der linksseitigen Taschenklappe gesteckt.
2: Unteroffizier der Normalkompanien.
3: Flügelgrenadier.

DIE FAHNEN

1

2

3

4

Abbildungen.
1: Fahne Rotes Leibbataillon vor 1713[56].
2: Kompaniefahne und Leibfahne nach Dessauer Spezifikation 1729[10].
3: Kompaniefahne und Leibfahne nach Dessauer Spezifikation 1737[11].
4: Leibfahne und Kompaniefahne 1740-1806[15].

Ecken-Embleme:
5: FWCP *Friedrich Wilhelm Cron-Prinz,* vor 1713.
6, 7: FWR, Fridericus Wilhelmus Rex, ab 1713.

Das Rote Leibbataillon bekam 1713 "weiße Fahnen", davor führte es "blaue und rote Fahnen" wie aus einer Notiz in den Akten des Regiments zu Fuß Nr. 7 hervorgeht. Dieses Regiment sollte 1713 mit den alten Fahnen der Riesengarde ausgestattet werden. Eine dunkelblaue Fahne mit rotem Flammenkreuz, die dem Roten Leibbataillon zugeordnet wird, (**Abb. 1**) befand sich in Petersburg. Die Chiffre FWCP in den Eckmedaillons war bei diesem Exemplar durch Übermalen zu FWR - vermutlich anläßlich der Thronbesteigung Friedrich Wilhelms 1713 - umgeändert worden[59].

Die Palmblatt-Kränze anstelle des üblichen Lorbeers demonstrieren den Gardestatus der Truppe.

5

7

6

10

8

9

Abb. 8: Königsregiment, Freikorporal mit Fahne der Leibkompanie ab 1717[10].
Abb. 9: Grenadier-Garde-Bataillon, Freikorporal mit Fahne der Leibkompanie 1740-1806[15].
Abb. 10: Fahne im Wachstuchüberzug.

Fahnen 1713
Leibfahne weiß, Mitte weiß, Malerei gold. Kompaniefahnen weiß, Mitte blau, Malerei Gold[59].
Fahnen 1717
Leibfahne weiß, Mitte weiß, Malerei gold. Kompaniefahnen weiß, Mitte blau, Malerei Gold[59].
Fahnen 1740 -1806
Im Potsdamer Stadtschloß war bis 1806 der komplette Fahnensatz (15 Fahnen von den 3 Bataillonen á 5 Normal-Kompanien) des Königsregiments deponiert. Eine der Fahnen verschwand während der französischen Besatzung 1806, die restlichen 14 waren bis 1829 nachweisbar. Vier weitere identische Fahnen unterschieden sich durch die Art der Nagelung[15].
Leibfahne: Grundfarbe weiß, Palmkränze um Eckmedaillons und Mittelfeld, Mittelschild weiß, Spruchband kornblumenblau mit Motto PRO GLORIA ET PATRIA in Gold.
Gewöhnliche Kompanie-Fahnen: Grundfarbe weiß, Mittelschild kornblumenblau (Farbangabe für das Blau nach der Fahnentabelle v. d. Königlichen Preußischen Infanterie 1774[60]), das Spruchband weiß mit goldener Aufschrift, Malerei golden.

Eine friderizianische Regimentsfahne, die Nr. 6 zugeordnet wird und die die Österreicher bei Hochkirch 1758 erobert haben (Exemplar im Heeresgeschichtlichen Museum Wien) hat blaue Eckmedaillons[15], **Abb. 4**. Am 14. Oktober 1758 in der Schlacht bei Hochkirch gehen die Leibfahne und eine der Regimentsfahnen verloren[36]. Zwei Fahnen wurden am 16.10. 1806 anläßlich der Kapitulation von Erfurt den Franzosen übergeben[60]. Die vom Grenadier-Garde-Bataillon geretteten Fahnen aus dem Feldzug 1806 waren sämtlich so beschädigt, daß sie 1808 bei der Neuverteilung der noch vorhandenen alten Fahnen an andere Regimenter nicht mehr verwendet werden konnten[60].

Die Dessauer Spezifikation 1737 gibt als Stangenfarbe bereits (ocker)gelb an. Fahnenstangen ca. 3 m hoch. Fahnenspitze vergoldet. Modell 1713-40: Spruchband mit Motto NON SOLI CEDIT, Eckmedaillons abwechselnd gespiegelt. Modell 1740-1806: Spruchband mit Motto PRO PATRIA ET GLORIA, Eckmedaillons auf jeder Seite seitenrichtig aufgemalt. Der braune oder schwarze Fahnenüberzug hing, sofern nicht verwendet, über der linken Schulter des Fahnenträgers oder war um dessen Taille gewickelt. Regiment Nr. 23 führte seit 1747 als Auszeichnung ebenfalls weiße Fahnen wie Nr. 6 mit blauen Eckmedaillons, allerdings mit Lorbeerkranz-Einfassungen. Die Fahnen wurden von Freikorporalen getragen, Offiziersanwärtern mit Rang und Uniform der Unteroffiziere. Nach drei Jahren konnten sie bei Eignung zum Fähnrich befördert werden. Siehe auch S. 43.

STAB UND UNTERSTAB

Führung und Verwaltung des Regiments lagen in den Händen des *Ober- und Unterstabes.* Den Oberstab (*Ober-Prima-Plana*) bildeten Oberst, Oberstleutnant, die Majore und Adjutanten. Friedrich Wilhelm I. war als Chef des Königsregiments sowohl dessen Oberst als auch der Kommandeur der ersten Kompanie. Etwa die Hälfte der Kompaniechefs waren Stabsoffiziere, die in der Praxis des täglichen Dienstes von Kapitänsdienstgraden vertreten wurden.

Den Unterstab, die *Unter-Prima-Plana*, bildeten Nicht-Offiziere von teilweise halbzivilem oder Unteroffiziers-Status und die Handwerker. *Regiments-Quartiermeister, der Feld- und Garnisonsprediger, Auditeur (Rechtsgelehrter), und der Regiments-Feldscher* hatten höhere Befugnisse inne. *Kompanie-Feldschers* und der *Regiments-Tambour* standen auf Unteroffiziers-Ebene. *Hoboisten* und *Pfeifer* nahmen aufgrund ihrer Qualifikation als regelrechte Musiker eine Zwischenstellung ein, *der Büchsenmacher* und der *Schäfter* waren reine Handwerker. Der *Profos oder Steckenknecht,* der die von der Regimentsgerichtsbarkeit angeordneten Strafen durchzuführen hatte, genoß geringstes Ansehen. Der Unterstab ist der Leibkompanie angegliedert. Die Unterstabs-Angehörigen mit höheren Befugnissen trugen ihrem jeweiligen Aufgabenbereich entsprechend Uniformen, die den Offizieren ähnelten und regimentsübergreifend bei der gesamten Infanterie identisch waren - oder zumindest sein sollten. Dazu gehörte der Degen mit versilbertem Gefäß, jedoch ohne das Offiziers-Portepe.

Nach Unterstabsrangliste 1713-1740[1] gehörten dem Unterstab an: Je ein Regiments-Quartiermeister, Garnisonsprediger (ab 1714), Katholischer Pater (ab 1722), orthodoxer Pope (ab 1734), Ungarischer Geistlicher ab 1735, Auditeur ab ca. 1713. Jeweils ein Regiments-Feldscher für die Bataillone I (ab ca. 1713), II (ab ca. 1723) und III. (ab 1733). Je ein Profos für die Bataillone I (ab ca. 1723) und III (ca. 1733). Beim II. Btn. nicht aufgeführt.

GELDWERT, LEBENSERHALTUNGSKOSTEN

Hauptnahrung des Soldaten waren Brot und Suppe. Durch die regelmäßige Versorgung seitens der Armee stand sich der Soldat trotz des kärglichen Einkommens immer noch besser als die Masse der Tagelöhner und Dorfarmen. Ein Berliner Arbeiter verdiente in der Woche zwischen ein und zwei Talern, mußte davon jedoch noch Unterkunft und Bekleidung bestreiten. Die Höhe des Soldes blieb über einen Zeitraum von ca. einhundert Jahren konstant während die Kriege Friedrichs des Großen eine katatstrophale Geldentwertung mit sich brachten.

Ein Reichstaler hatte 24 Groschen, 1 Groschen zu 12 Pfennigen. Der ausgezahlte Sold reichte nach Abzug der dem Soldaten in Rechnung gestellten Kosten gerade für die allernotwendigsten Grundnahrungsmittel. Brot und seltener Fleisch konnten gegen Soldabzug vom Regiment empfangen werden. Die Preise für Grundnahrungsmittel und Getränke in der Garnison waren vom König festgesetzt, damit die Soldaten nicht übervorteilt wurden. Die einzelnen Kompanien hatten Marketendereien, die die Artikel des täglichen Bedarfs zu angemessenen Preisen vorhielten.

Einfache warme Gerichte - meist Suppen - gab es in privat betriebenen Garküchen der Stadt, die billigsten Mahlzeiten lagen bei 1 Groschen 6 Pfennigen. Ein Pfund Rindfleisch kostete etwa 1 Groschen, ein guter Liter Gerstenbier 6 Pfennige, zweieinhalb Pfund Brot 1 Groschen, ein Paar Schuhe 1 Taler, ein Paar gute Stiefel 6 Taler, ein Hemd 12 Groschen, ein Pfund Soldatentabak 5 Groschen. Bei Ende des Siebenjährigen Krieges hatten sich die Preise für die Dinge des täglichen Bedarfs verdoppelt - bei gleichbleibender Löhnung! Durch die Geldentwertung waren 1762 in der Armee die Zustände katasrophal. Ein Kommißbrot kostete nun 1 Taler[7].

GARDE-INVALIDEN

Dienstunfähige Offiziere und Unteroffiziere der Langen Kerls, die kein eigenes Vermögen besaßen, bekamen geeignete Posten in der staatlichen Verwaltung oder wurden vom König mit Geschäftskonzessionen oder einem kleinen Gut bedacht. 1729 wurde zu Pritzerbe die Garde-Invalidenabteilung für invalide Unteroffiziere und Königsgrenadiere errichtet und 1738 nach dem Städtchen Werder unweit Potsdam verlegt. Der Rock war braun mit roten Aufschlägen. Im Frieden erhielten sie Wachaufgaben an den Havelübergängen und im Potsdamer Schloß, während des Krieges ersetzten sie einen Teil der Stadtwachen. Das Invalidentraktament betrug wohl meist "die gewöhnlichen zwei Taler", wie für mehrere 1739 dorthin ausrangierte Grenadiere, manchmal mit einer individuelle Zulage durch den König. Unter Friedrich II. wurden die Statuten erweitert, um zusätzlich Invaliden der Garde Nr. 15 sowie alte Kürassiere des Potsdamer Regimentes Gardes du Corps aufnehmen zu können. 1747/48 wurde in Berlin ein Invalidenhaus mit 600 Plätzen eingerichtet.

* * * * *

QUELLENVERZEICHNIS

1 **Legendäre lange Kerls**. Quellen zur Regimentskultur der Königsgrenadiere Friedrich Wilhelms I. 1713-1740. Bearbeitet von Jürgen Kloosterhuis, Berlin 2003.
2 **Die Potsdamer Wachtparade. Von den Langen Kerls des Soldatenkönigs zur Fußgarde Friedrichs des Großen.** Volker Schobeß, Erhart Hohenstein. Potsdam 1997.
3 **Knötel Uniformenkunde**, Tafeln: Nr. 12, Band V Nr. 3, Band X Nr. 15, Band VIII Nr. 47.
4 **Die Armee Friedrichs des Großen in ihrer Uniformierung.** Adolph Menzel. Aus dem Tafelwerk von 1851, insbesondere die Tafeln 43 und 44. München 1978.
5 **Die Bewaffnung und Ausrüstung der Armee Friedrichs des Großen.** Eine Dokumentation des Wehrgeschichtlichen Museums Rastatt aus Anlaß seines 200. Todesjahres. Rastatt 1986.
6 **Geschichte der Preußischen Armee vom 15. Jahrhundert bis 1914. Bd. 1, von den Anfängen bis 1740.** Curt Jany. Osnabrück 1967.
7 **Geschichte der Preußischen Armee vom 15. Jahrhundert bis 1914. Bd. 2, 1740 - 1763**. Curt Jany. Osnabrück 1967.
8 **Geschichte der Preußischen Armee vom 15. Jahrhundert bis 1914. Bd. 3, 1763 - 1807.** Curt Jany. Osnabrück 1967.
9 **Urkundliche Beiträge und Forschungen zur Geschichte des Preußischen Heeres** herausgegeben vom Großen Generalstabe, Abtheilung für Kriegsgeschichte II. Curt Jany, Neudruck der Ausgabe Berlin 1903-06, Bad Honnef 1983.
10 **Die Dessauer Spezifikation von 1729.** C. Jany und H. Bleckwenn. Osnabrück 1970.
11 **Die Dessauer Spezifikation von 1737.** F.-G. Melzner. Osnabrück 1974.
12 **Ehrenbuch des Deutschen Heeres. Deutschlands Wehr und Waffen im Wandel der Zeiten**, Band 1. F. W. Deiß, Berlin 1928.
13 **Geschichte der Bekleidung, Bewaffnung und Ausrüstung des Königlich Preußischen Heeres. Die Infanterie-Regimenter im Jahre 1806.** C. Kling, Weimar 1902.
14 **Deutschlands Schirm und Wehr im alten und im neuen Heer**. Doktor Martin Lezius, Berlin 1929.
15 **Die Uniformen der Preußischen Infanterie 1753-1786**. F.-G. Melzner, H. Bleckwenn. Osnabrück 1973.
16 **Die Uniformen der Preußischen technischen Trupen, rückwärtigen Dienste und Kriegsformationen 1753-1786**. F.-G. Melzner, H. Bleckwenn. Osnabrück 1984.
17 **Reglement vor die Königlich Preußische Infanterie von 1726.** Faksimiledruck, Osnabrück 1968.
18 **Adolph Menzel und das Heer Friedrichs II. von Preußen.** Klaus-Ulrich Keubke, Helmut Schnitter. Berlin 1991.
19 **Die Uniformen der Preußischen Garden von ihrer Entstehung 1704 bis 1836von ihrem Entstehen bis auf die neueste Zeit**. Thümen, Berlin 1840. Nachdruck Buchholz-Sprötze 1994.
20 **Preußisch-Deutsche Uniformen von 1640 - 1918.** Georg Ortenburg, Ingo Prömper. München 1991.
21 **Unter-Officier-Reglement vor die Königliche Preußische Infanterie...1726**, Garde-Grenadier-Club Potsdam, 1990.
22 **Unter dem Preußenadler.** Hans Bleckwenn, München 1989.
23 **Das Heerwesen in Brandenburg und Preußen 1640 bis 1806: Die Bewaffnung**. Heinrich Müller, Berlin 1991.
24 **Das Heerwesen in Brandenburg und Preußen 1640 bis 1806: Die Uniformierung.** Klaus-Peter Merta, Berlin 2001.
25 **Das Heerwesen in Brandenburg und Preußen 1640 bis 1806: Das Heerwesen.** Olaf Groehler, Berlin 2001.
26 **Kriegswesen und Kriegführung im Zeitalter der Kabinettskriege**. Siegfried Fiedler, Koblenz 1986.
27 **Der Deutsche Militarismus.** Bachmann/Zeisler, Militärverlag der DDR 1986.
28 **Die Geschichte des dtsch.Unteroffiziers.** Von Ledebur, Berlin 1939.
29 **Die deutsche Soldatenkunde.** B. Schwertfeger, Leipzig 1937, Bd. 1
30 **Military Drawings and Paintings in the Royal Collection**. London 1966. (9. C. P. Merck, Prussian Riesengrenadier. About 1730. Cat. No. 5 / Nr. 181,183: Neur Uniform Plan der Königlich Preußischen Armee 1799, Verfasser unbekannt. Cat. No. 352).
31 **The Prussian Army - to 1815.** Digby Smith, Atglen, PA. 2004.
32 **Die Armee Friedrich des Großen im Siebenjährigen Krieg 1756-1763**. Frank Wernitz, München 2002.
33 **Gefechtsformen der Infanterie in Europa durch 800 Jahre.** Herbert Schwarz, München 1977.
34 **Zeitschrift für Heereskunde Nr. 26**, Februar 1931, S.229-31). Über die Beisetzungsfeierlichkeiten König Friedrichs in "Leben und Thaten des Allerdurchlauchtigsten und Großmächtigsten Königs von Preußen Friedrichs Wilhelms", Hamburg und Breslau 1735.
35 **Unterricht für die Königlich-Preußische Infanterie,** Nachdruck der Ausgabe Berlin 1805, Osnabrück 1982.
36 **Die Leibgarde Friedrichs des Großen. Statusdenken und Sozialprestige - Geschichte einer preußischen Elite**. Volker Schobeß. Berlin 2006.
37 **Semper Talis - Ein König, sein Regiment und die langen Kerls von Potsdam.** A. W. Stragand und Gerhard Schulze in: Die Zinnfigur. Monatszeitschrift der KLIO - Deutsche Gesellschaft der Freunde und Sammler kulturhistorischer Zinnfiguren. Nr. 11/91, 12 /91, 1/92.
38 **Idee von allen Militär-Chargen**. Instruktion des Fürsten Leopold v. Anhalt-Dessau für Kronprinz Friedrich. Vermutlich weit vor 1737 abgefaßt. In: Von Ledebur, "Die Geschichte des Unteroffiziers". Von Ledebur, Berlin 1939, S. 54ff.
39 **Die Schlachten Friedrichs des Großen. Führung, Verlauf, Gefechts-Szenen, Gliederungen, Karten**. G. Dorn, J. Engelmann. Podzun-Pallas.
40 **Prussia. Art and Architecture**. Streidt/Feierabend/Frahm/Immel, Köln 1999.
41 **Reglement vor die Königlich Preußische Infanterie von 1743.** Faksimiledruck, Osnabrück 1976.
42 **Uniformierung der preuß. Armee 1713-1807.** G. Lehmann, Berlin 1900.
43 **Das Hemd im späten 18. und frühen 19. Jahrhundert.** Bettina Maake. Circulaire 2/95
44 **Historical Fashion in Detail. The 17th and 18th Centuries.** Avril Hart, Susan North. London 1998.
45 **http://www.napoleon-online.de/html/preussen.html** Stich von Ramm / Preußische Armee 1806.
45 **Waffe und Waffengebrauch im Zeitalter der Kabinettskriege.** Georg Ortenburg, Koblenz 1986.
46 **Der bunte Rock in Preußen. Militär- und Ziviluniformen 17. bis 20. Jahrhundert in Zeichnungen, Stichen und Photographien aus dem Bestand der Kunstbibliothek Berlin.** Berckenhagen, Ekhart u. Gretel Wagner.Berlin 1981.
47 **Europäische Helme aus der Sammlung des Museums für Deutsche Geschichte.** Heinrich Müller, Fritz Kunter. Militärverlag der DDR 1971.
48 **"Die Wache am Jägertor"** von Dismar Degen. Von Kloosterhuis auf ca. 1733 datiert, von Bleckwenn auf ca. 1739 (letzteres wohl eher zutreffend wegen der gezeigten neuen Uniform M 1736). Abb. Quelle 22, S. 84/85. Außerdem in Quelle 1, S. 610 und Quelle 50 S. 7, jeweils mit Kommentaren.
49 **Reihe "Deutsches Militär-Archiv"**, Archiv-Verlag Braunschweig.
50 **Friedrich Wilhelm I. Der Soldatenkönig als Maler**. Staatliche Schlösser und Gärten Potsdam-Sanssouci 1990.
51 **Deutsche Uniformen, Album: Zeitalter Friedrichs d. Großen.** "Sturm" Zigaretten GmbH Dresden 1932.
52 **Handzeichnungen von Grenadieren "mit Feldequipage" 1754** aus der Großherzoglichen Kabinetts-Bibliothek in Darmstadt. **Kling,** S. 121f.
53 **Knötel Uniformenkunde**, Tafel Band V Nr. 3.
54 **Knötel Uniformenkunde**, Tafel Band X Nr. 15.
55 **Knötel Uniformenkunde**, Tafel Band VIII Nr. 47.
56 **Der Soldat in der deutschen Vergangenheit.** G.Liebe,Leipzig1898.
57 **Die Infanterie-Regimenter Friedrich des Großen 1756-1763**. Günter Dorn, Joachim Engelmann. Podzun-Pallas-Verlag 1983.
58 **Grenadiere, Musketiere, Füsiliere.** Martin Guddat. Hamburg 1996.
59 **Unsterbliche Treue. Das Heldenlied der Fahnen und Standarten des deutschen Heeres.** Ewald Fiebig, Berlin 1936.
60 **Geschichte der Königlich Preußischen Fahnen und Standarten.** G. Lehmann, Berlin 1889.

Künstler zeitgenössischer Gemälde:

Huber, Thomas: 1700-1779, seit 1714 in Berlin, 1739 Hofmaler.

Degen, Dismar: Landschafts- und Historienmaler, kam 1731 nach Potsdam. Er hatte einen Schwiegersohn bei den Langen Kerls[1].

Merck, Johann Christof: Um 1695-1717 Hofmaler und Rektor der Akademie der Künste in Berlin, wirkte nach 1718 in Potsdam und starb dort nach 1726[50].

Pesne, Antoine: Portrait-, Historien- und Landschaftsmaler. 1683-1757. Seit 1710 in Berlin wirkend, 1711 zum Hofmaler und 1732 zum Direktor der Akademie der Künste in Berlin ernannt.

Weidemann, Friedrich Wilhelm: 1688-1750. Seit 1702 in Berlin tätig, Hofportraitmaler. 1712 Rektor, 1718 Direktor der Akademie der Künste Berlin.

Benennung von Uniform- und Ausrüstungsteilen

Grenadiere in Feldausrüstung (Feld-Equipage)

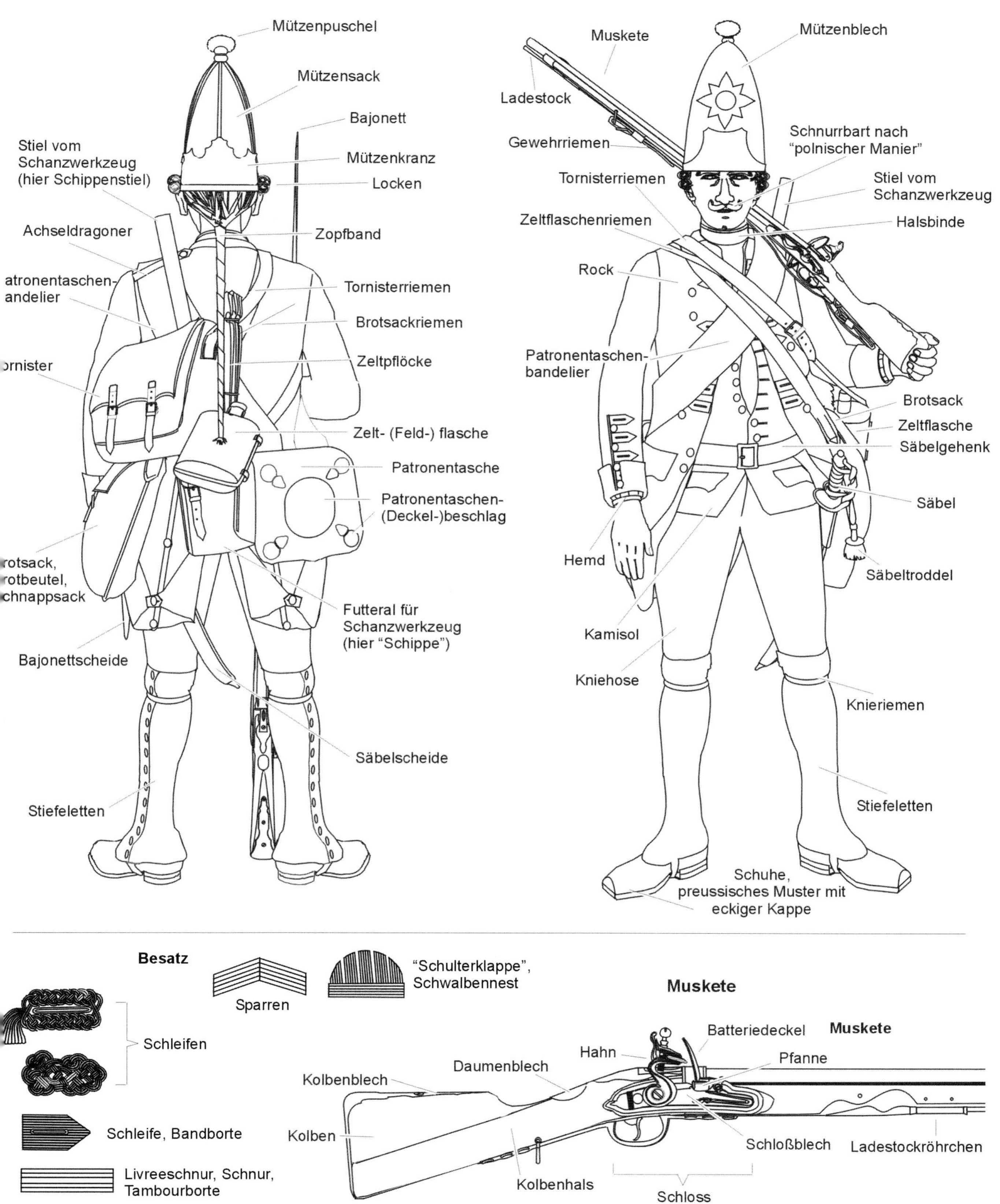

Erscheint im August 2007

**Schobeß, Volker / Hohenstein, Erhart:
Die Langen Kerls von Potsdam.
Die Geschichte des Leibregiments
Friedrich Wilhelms I. 1713–1740
trafo verlag 2007, ca. 200 S. mit zahlreichen, teils farbigen Abb., Hardcover,
ISBN 978-3-89626-275-2,
Subskriptionspreis bis 31.08.2007
ca.45,00 EUR, danach ca. 50,00 EUR**

Keine Truppe der Altpreußischen Armee gelangte jemals zu größerer Berühmtheit als die Langen Kerls des Soldatenkönigs. Und bemerkenswert – zu diesem heereskundlich so einmaligen und aus militärwissenschaftlicher Sicht so interessanten Stoff gab es in neuerer Zeit kaum ein Werk, daß die gesamte Spannbreite dieser Thematik abzudecken vermochte. Ein Grund ist ohne Zweifel der durch Kriegsverluste so schmerzlich beeinträchtigte Dokumentenbestand des Heeresarchivs Potsdam.
Mit dem hier vorgestellten Buch wird der Leser nun – beginnend mit dem Gründungsmythos des legendären Königs-Regiments (No. 6) – minutiös, atemberaubend und mit heereskundlicher Akribie, über den gesamten Werdegang der Langen Kerls bis zum Jahre 1740 informiert.
Das Buch bewegt sich weitgehend auf dem harten Boden archivgestützter Tatsachenforschung. Veröffentlichungen und Bestände des Geheimen Preußischen Staatsarchivs Preußischer Kulturbesitz erwiesen sich als wichtigste Quelle. Bei den interessanten, zum Teil auch kurzweiligen und zudem reich bebilderten Schilderungen wird der Leser in die ferne und noch friedliche Welt des 18. Jahrhunderts entführt.
Betrachtete man die Langen Kerls Friedrich Wilhelms I. bisher als eher versponnene Militärverliebtheit eines europäischen Königs, so führt uns der Autor diese Truppe nun als gardebezogene Mustertruppe der preußischen Armee vor. Das absolutistische Heer Friedrich Wilhelms I. wird zum Faustpfand für den durchaus fortschrittsorientierten Aufbruch des preußischen Staates in eine verheißungsvolle Zukunft, die für zweihundert Jahre von niemandem mehr dauerhaft aufzuhalten ist.

Vorbestellungen sind möglich über jede Buchhandlung oder direkt beim Verlag

trafo verlag Finkenstraße 8 12621 Berlin • Tel. 030/5670 1939 • Fax 030/5670 1949 • info@trafoberlin.de